障害者支援員もやもや日記

当年78歳、今日も夜勤で、施設見回ります

松本孝夫

まえがき——勘違いで飛び込んだ世界

経営していた会社が倒産したとき、私は還暦をとっくにすぎていた。PR、出版プロデュースなどを業務とする零細会社で、雑誌発行に野心を燃やしたのがいけなかった。いくつになっても後悔は先に立たない。

残された人脈を頼りに企業コンサルや医師のゴーストライターなどをやって、しばらく糊口《ここう》をしのいでいたが、収入は不安定だった。子ども2人はすでに独立していたものの、年金だけでは夫婦2人で暮らしていくことができない。会社の倒産により多大な心労をかけた妻を安心させたいと思い、職探しを始めた。

2000年に新介護制度*が発足したとき、新制度の本を何冊かプロデュースしたことがあった。どうせなら、その現場が今どうなっているのか見てみたい。いずれお世話になる身だもの……と思い、新聞チラシの募集広告の中から介護職の一つを選んで応募した。

新介護制度
高齢化が進み、これまで要介護者を支えてきた家族の状況も大きく変化したことなどを踏まえ、2000年に介護保険制度が創設された。新制度の発足前、その解説本の企画がいくつか舞い込み、私も介護現場での取材に当たったのだった。

車椅子を押している小さなカットイラストがあったので、高齢者ホームなのだと思い込んで、面接を受けに行った。それが精神障害者向けグループホーム*だった。

つまり、「障害者支援員」という職に就いたのは、崇高な志や理念などとは無縁の、勘違いにすぎなかったわけだ。

ライター時代、さまざまな体験をした。取材で熊本県水俣市に赴き水俣病の口きけぬ息子を抱いた母親の話を聞き、山谷《さんや》や釜ヶ崎《かまがさき》のドヤ街に潜入した。新宿のぼったくりバーに突撃したことも、元銀行員のホームレスと寝起きをともにしたこともある。あらゆる世界を知っているつもりだった。

しかし、「障害者支援員」の世界に飛び込んで見えてきたのは、これまでに見たこともない人間の不思議な景色*だった。

8年間を「障害者支援員」として生きてきた。ホームの利用者に殴られ、蹴られ、噛みつかれた。障害者が置かれる立場の厳しさを知り、偏見に苦しむ親御さんの思いを聞いた。

グループホーム
「知的障害者や精神障害者、認知症高齢者などが専門スタッフの支援のもと集団で暮らす家のこと」(厚生労働省)。共同生活住居ごとに1以上のユニットが必要で、ユニットの入居定員は2人以上、10人以下。運営母体は、民間企業、NPO法人や医療法人、社会福祉法人などさまざまである。

人間の不思議な景色
本書にあるのはすべて私が実際に経験した事実であるが、人名、施設名、団体名はすべて仮名としている。また、利用者のプライバシー保護の観点

経験したのは嫌なこと、つらいことばかりではない。彼らとコミュニケーションが通じ、思いを共有できる喜びはこの仕事の醍醐味だし、彼らの成長を肌身に感じられる充実感は何ものにも代えがたい。

私は障害者の役に立ちたいと考えて、この仕事を選んだわけではなかった。障害者問題に人並み以上の知識も関心も持ってはいなかった。* だから、本書で「偏見をなくそう」とか「障害者の待遇を改善しよう」などと声高に叫ぶつもりはない。

この仕事に就いて8年が経ち、今では障害者の人たちが置かれた環境や境遇をたくさんの人たちに知ってもらいたいと強く願うようになった。内実を知ってもらうことが、現実を変えていく力になると考えるからだ。

私が見てきたありのままの光景を、みなさんにお伝えしたいと思う。

本書により、少しでも障害者の世界が身近になれば、これにまさる喜びはない。

から、年齢、人物像、彼らの作品については改変したり、脚色をくわえている。

人並み以上の知識も関心も持ってはいなかった
あらかじめ申しあげておくが、私は障害者問題の専門家ではない。あくまで現場での体験をもとに私の目から見た実態を記している。多くの人に読んでもらうため、制度や法律の解釈などについてもできるだけわかりやすく表現することを心がけた。執筆にあたり可能な範囲で確認しているものの、一部に記憶違いや正確性を欠く記述がある点についてはご了承願いたい。

障害者支援員もやもや日記◉もくじ

第3章　男親は逃げる、女親は…

装幀◉原田恵都子（ハラダ＋ハラダ）
イラスト◉伊波二郎
本文校正◉円水社
本文組版◉閏月社

第1章

障害者支援員、走りまわる

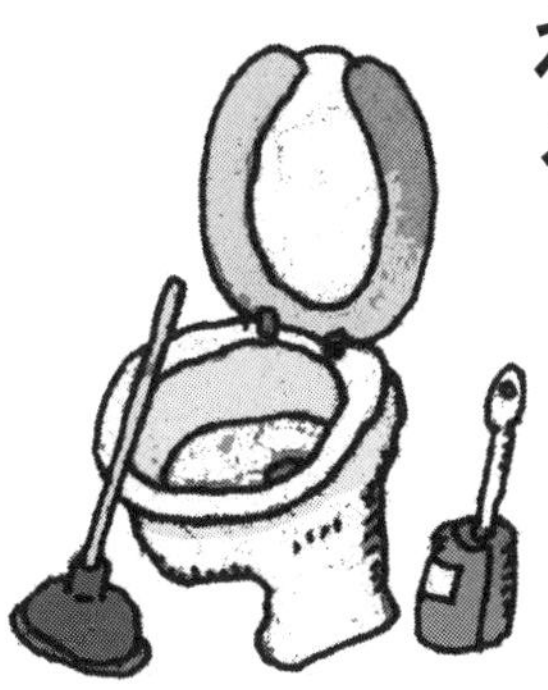

某月某日　**裸足で追いかける**：素っ裸で逃げていく男

季節は初夏とはいえ、午後8時ともなれば通りはもう暗い。150メートルくらい先、こちらを振り返りながら、靴下だけの素っ裸で逃げていく男の姿はまばらな街灯の光で白く見える。

人通りの少ない道路だが、たまたますれ違った人が驚いた様子で裸の男を振り返る。下着も身につけていないのに靴下だけは履いているから異様さが際立つ。

そのあとからやってきた私を見て再び目を丸くする。

無理もない。裸の男とすれ違ったと思ったら、今度は禿げ頭のじいさんが息を切らして裸足で走ってきたのだ。

追いつかれそうになった男は、民家の路地にふいと入って、私はとうとうその姿を見失ってしまった。

支援員

「生活支援員」とも呼ばれる。入浴・排泄・食事などの身体介助、調理・洗濯・掃除などの家事の支援、金銭管理のほかに、生産活動や趣味活動の機会の提供、身体機能を向上させるための援助など取り扱う領域は幅広い。

看護師などと違い、就業にあたっての資格や専門知識などの要件は定めら

どうしてこういうことが起きているかというと、裸で逃げている男性は精神障害者ホーム「ホームももとせ」の利用者で、追いかけている私は「支援員*」と呼ばれる非常勤職員なのである。

見失った男性は迫田忠彦さんといい、日ごろから職員に「ヒコさん、ヒコさん」と呼ばれて親しまれている。彼は自閉症*である。

ふだんはふざけて、リビングの床にわざと寝転がり、調理している女性職員のズボンのすそをそーっとめくって、ニヤニヤしながら「吉川さん、今日、スカート」と言う。

50代で、私と同じく非常勤職員の吉川春江さんは「スカートじゃないよ、ズボンだよ。こんなおばさんに魅力があるの？」と笑っている。ヒコさんのニヤニヤは大きな顔の中の両目が鳩が笑ったような目つきになって、いやらしいというより可愛げがある。

穏やかなときのヒコさんは、日常作業はおおむね自分でやれるし、職員の言うこともある程度理解でき、愛嬌があるので、みんなに親しまれているのだが、ひとたび様子がおかしくなると、逃げる、暴れるでたいへん厄介になる。

れていない。

自閉症
世界保健機関（WHO）の定めた国際疾病分類（ICD）や米国精神医学会の精神疾患の診断・統計マニュアル（DSM）では、アスペルガー症候群などとともに広汎性発達障害というカテゴリーのもとに「自閉症」が位置づけられていた。2013年刊行の「DSM-5」では、「自閉症」という障害名は廃止され、「自閉スペクトラム症／自閉症スペクトラム障害」の障害名のもとに統合。乳児期から、視線を合わせることができなかったり、他者と関心を共有することができず会話ができなかったりする。対人関係を築くことが難しく、関心が限定され、こだわりが強く、感覚過敏あるいは鈍麻（どんま）なども認められる。

ヒコさんは平日、職場の巡回マイクロバスで送迎されて仕事*に通っている。今日は帰ってきたときから様子がおかしかった。バスを降りてからの表情が硬く緊張感があった。

帰ってきたらすぐ職員に療育手帳や職場連絡帳などを渡し、うがいと手洗いをすることになっている。これをいい加減にやるので心理状態がわかる。

ただ、原因はわからない。職場で何かあったかもしれないし、ホームでの不満がたまったのかもしれない。今夜は穏やかに寝てくれなさそうだという予感がしていたが、その後、入浴・食事までは何事もなく、ほっとしていた。

食事の後片付けも終わったところで、ヒコさんと仲のいい利用者のヒガシさんがリビングルームにやってきて、

「ヒコさんが靴下だけで外にいるよ」

と教えてくれた。リビングを通らないと外へは出られないから、自室のガラス戸の窓から逃げたのだろう。

やはり、そう来たか……。

利用者が外出するときは、職員に断らなければならないのが決まりである。中

仕事
「ホームももとせ」の利用者はみな、なんらかの仕事に通っている。ヒコさんのように職場(作業所)からの巡回バスで仕事に向かう人もいれば、自分で電車やバスを乗り継いで通っている人もいる。帰ってくる時間は、早い人で午後4時ごろ、遅くても午後6時前くらいまでになっていた。

でも支援区分6*のヒコさんは、一人で外出させてはならない。

リビングの窓際に行って外を見ると、暗い通りの向こう側に上半身裸のヒコさんが見えた。垣根があって下半身は見えない。ガラス越しに目が合った。

ホームには「1階、2階とも職員がいない状態にしてはならない。やむをえないときは、ほかの職員にフォローを頼んで出る」という決まりがある。

私は一瞬迷った。ヒコさんはこれまでも外へ出て、いったん見失うと、お店や一般の家に勝手に入り込んで、たびたびトラブルを起こしている。彼は障害の影響が身体にもあって走るのは速くない。こっちは歳を取っても毎日公園を走っている。今ならまだ間に合う……てなことを約0・5秒で考え、知らせてくれたヒガシさんに向かって、

「追いかけるから、下条さん（職員）が2階から下りてきたら伝えてね！」

と言いおいて、玄関にまわって靴を履き替える間も惜しみ、上履きのサンダルのまま、ガラス戸になっているリビングの引き戸を開けて外へ飛び出した。

気配を察したヒコさんはすでに200メートル先を走っていた。これまでもホームの中で全裸になったことはあったが、そのまま外へ出たのは初めてだ。

支援区分6

障害者総合支援法では、障害の度合いと受けられるサービスについて6段階に区分している。1がもっとも低く、数字が大きくなるにつれて支援の度合いが高くなる。「移動や動作」「身の回りの世話や日常生活」「意思疎通」「行動障害」「特別な医療」の5つのカテゴリーによって判断される。ランクは障害の程度を表したものではなく、利用者の世話をする〝たいへんさ〟に応じたものだが、私から見るとだいたい障害の程度に比例している。

ガバガバに大きいサンダルが走りにくくて全力疾走ができず、私は上履きを脱いで手に持ち、裸足で走り出した。

距離は詰めつつあったが、十字路を右に曲がったところで見失った。道が入り組んでいてあたりを見回しても姿が見えない。

しまった、ダメだった。


ヒコさんを見失ってホームに戻ると、やらなければならないことがたくさんある。まずホーム長の携帯に報告を入れる。非常事態はいつ何が起こるかわからないので、いつ何時でも連絡を入れることになっている。

それから、所轄の警察署、さらにお母さんの携帯にも連絡する。ほかの利用者はこのくらいのことで親に連絡はしないのだけれど、ヒコさんの場合はホームから逃げて、延々と6キロの道を歩いて実家まで行ったことがあるので、一応、知らせておく。

結局、それから2時間後、ヒコさんはパトカーに乗せられて帰ってきた。裸の男を見た人が警察に通報したのだそうだ。衣服をパトカーのそばの路上で着てもらい、部屋に連れて帰ったあと、私はホームのリビングで延々と警察官の事情聴取を受けた。

事情聴取が終わったときは、とっくに日付も変わっていた。

某月某日　無銭飲食：お金もないのに…

遊軍勤務*の小林君が午後8時に帰り、利用者たちはそれぞれ自室に入って、私は事務室で日報を書いていた。午後10時半ごろ、玄関のチャイムが鳴った。

こんな時間に誰だろう、とドアを開けると、そこには自室にいるはずのミッキーさんが立っていた。手にはコンビニのレジ袋をぶら下げている。

ミッキーさんこと三木陽介さんは20代前半、統合失調症*と診断されている。身長180センチ、体重80キロと大柄で、目がギョロリとしているので迫力がある。

買い物をしてきたのか。しかし、お金はどうしたのだろう？　私はミッキーさんに尋ねた。

遊軍勤務
利用者に対応する職員は2階に1人、1階に1人が基本だが、朝は朝食と利用者の送り出し、夕刻は夕食の支度があり、仕事量が手にあまるので遊軍職員が1人加わって3人体制になる。朝は7時から9時半まで、夕刻は午後3時半から8時までの勤務となっていた。

統合失調症
幻覚や妄想といった精神病症状、意欲の低下や感情が出にくくなるなどの機能低下、認知機能の低下などを主症状とする精神疾患。成長期から青年期にかけて発症する。日本での患者数は約80万人とされ、世界各国の報告でも100人に1人弱がかかるとされる。

「お菓子、買ってきたの？　見せて」

うなずき、素直に見せてくれる。ミッキーさんは会話でのコミュニケーションはほとんどできない。レジ袋の中には、チョコレート菓子が2箱にポテトチップスが1袋。

「お釣りはある？」

彼はポケットから小銭とレシートを取り出した。

「もう遅いから明日食べよう。それまで事務室で預かっておくね。さあ、トイレに行ってから寝るんだよ」

うなずいて部屋に入ってくれた。私は一件落着と胸をなでおろした。

事務室に戻ってレシートを見るとコーラも買っている。店で飲んでいるのだ。それにしても、彼はお金を持っていない*はずだ。

翌日、日中勤務で出勤してきた下条美由紀さんに昨夜のことを報告した。彼女は40代後半の常勤職員で、2階フロアの責任者である。

「お金、どうしたんでしょうね」

首をひねる下条さんと二人で、ミッキーさんが仕事に出たあと、部屋を捜索し

お金を持っていない
お金を所持していいかどうかは、利用者の状況に応じて決められる。「ホームももとせ」では10人いる利用者のうち、

た。ボックス型引き出しの中を見ると、男物の財布がある。中を見ると1万円札が1枚入っていた。たぶん男性職員の誰かのものだろう。「これはドロボーですよ」。下条さんはそう言って顔色を変えた。*

ある夜、ミッキーさんはホームを抜け出し、ホームから２００メートルのところにあるコンビニに行った。ここからはコンビニ店員さんの証言である。

ふらりとコンビニに入ってきたミッキーさんはしばらく店内をうろうろしていたかと思うと、突然、手当たり次第に菓子や飲み物をカゴに入れ始めた。

どうするのかと店員さんが見守る中、ミッキーさんはそのままトイレに入った。10分ほどして出てきたときには、トイレ内に菓子や飲料のゴミが散乱していた。カゴに入れたものをすべてトイレ内で飲み食いしてしまったのだ。この日、ミッキーさんはお金を持っていなかった。これでは無銭飲食だ。

店員さんが通報し、パトカー3台と、10人ほどの警察官がやってきて、店の周辺は騒然となった。ミッキーさんは事情聴取され、引き取りに行ったホーム長とともにホームに帰ってきた。

お金の所持が認められていなかったのは、ミッキーさんとヒコさんの2人だけだった。

顔色を変えた
このことはエリア長に報告され、エリア長がミッキーさんに直接、盗みがいけないことを言い聞かせたのだという。そして、それ以来、事務室に出入りする際は必ず施錠する、というルールができた。職員はみな事務室に頻繁に出入りするので不便この上ないことになった。

相談員
正式名称は「相談支援専門員」。社会福祉法人が運営する「相談支援事業所」や授産施設、デイサービスセンターの中に支援事業部があり、そこに属する。現場での3年の実務経験に加え、「相

警察は当初、この件を「犯罪」として扱おうとした。警察からの連絡を受けたホームは、相談員*やケースワーカーなどと連絡を取り合い、ミッキーさんを守ろうとした。結局、ホームが弁護士を立て、弁護士が警察と交渉した結果、ミッキーさんの立件は見送られた。ホームはミッキーさんの父親にも連絡していたが、返事はなかったという。

某月某日　コンビニオーナー：偏見の取れない店員

私が勤務する障害者ホーム「ホームももとせ」は東京に隣接した県のP市郊外、やや鄙《ひな》びた場所にある。「ももとせ」とは「百年」という意味だ。

このあたりは住宅の中に小さな工場が交じっていて、まだ畑や空き地も残っている。この町に障害者ホームができるとき、住民のあいだで反対運動があったらしい。そのためホームが設立されたあと町内会にも入れてもらえず、市のごみ収集車が来てくれないために、やむをえず廃棄物処理業者と契約していた。

談支援従事者初任者研修」を修了すれば資格が取得できる。更新制で5年ごとに研修あり。障害者の自宅や仕事場、またはホームに出向いて相談に乗る。

実際、迷惑をかけることもあるから仕方がない面もあるわけだが、偏見があるのも事実だった。

もっとも迷惑をかけていたのは、前述のコンビニである。

ミッキーさんによる〝無銭飲食事件〟の前から、ホームの利用者たちはよくこのコンビニを訪れていた。職員と一緒に買い物をするときもあれば、ひとりで来て店内をふらついただけで出ていくこともあった。フリーマガジンをごっそりと持ち帰ったりしたこともあり、そうした小さなトラブルがあるたびに、「ホームもとせ」のホーム長・西島さんがオーナーのところに謝罪に行っていた。

ミッキーさんの事件後、西島さんが菓子折り*を持ってオーナー宅を訪れ、謝罪したあとで、じっくりと話し合いの機会が持たれた。

最初はオーナーも難しい顔をしていたという。

「夜中は外からカギをかけて出られないようにするとか、できないのですか？」

「それは虐待だとされますので難しいところです。利用者の行動については、今後、私どものほうで改善していけるようにしたいと思います」

こんなやりとりを繰り返すうち、雨降って地固まるというか、オーナーも利用

菓子折り
ホームの設立時に住民からの反発もあった関係で、ホーム長はコンビニオーナーだけではなく、近隣の人たちにもかなり気をつかっていた。盆暮れには近隣住民への付け届けを欠かさなかったし、何かあればすぐに菓子折りを持って事情説明に赴いていた。

者のことをだんだんと受け入れてくれるようになった。ホームの利用者10人分の飲食や日用品のまとめ買いなどもあるから、その貢献も認めてくれたのかもしれない。

オーナーの理解は本当にありがたかった。それ以来、コンビニの店員さんたちの接し方が優しくなっていった。

朝、食材が足りなくなって、私がコンビニに走る。

「昨日、深夜にまた来てましたよ」

若い女性店員さんがそう言って教えてくれる。

「ご迷惑なことしませんでしたか？」

「いいえ、雑誌を見たりして長いことといましたけど、大丈夫でした」

若い店員さんたちはみな比較的すんなりと受け入れてくれた。

それでも障害者に対する偏見の取れない店員もいた。眼鏡をかけた小柄な、40代と思われる女性だった。われわれが入っていくと、にらみつけるような目つきで行動を監視するのだった。

ヒコさんは自閉症の特徴である〝こだわり〟がいくつかある。その一つが〝紙フェチ〟*だ。トイレットペーパーの芯やティッシュペーパーの空き箱を集めてびりびり破る。新聞雑誌、チラシなどを集めまくる。自室にはそれらがうずたかく積まれている。

　コンビニに置いてある無料の情報誌を、がばっとつかんで持って帰る。「そんなにたくさん取ってはダメ」といくら注意しても効果がなかった。置いてある分すべてをホームの自室へ持って帰ってしまうのだった。

　私は一計を案じた。

「ヒコさん、この雑誌は1人1冊ならただで持っていけるから、職員の分を入れて2冊はもらえるんだよ」

　こういう言い方をしてみた。「〜はダメ」ではなく、「〜ならOK」と言い換えてみたのだ。すると、ヒコさんはヒコさんなりに納得してくれたらしく、それ以降、2冊にするようになった。オーナーや若い店員さんたちもヒコさんなりの〝配慮〟*に納得してくれていた。

　ある日、ヒコさんを連れてコンビニに行った。ヒコさんの大好きなコーヒーとスポーツ新聞を買う。そのついでにヒコさんは無料の情報誌を2部、手に取った。

紙フェチ
新品のトイレットペーパーが入れられたのを見つけると、ヒコさんはそれをぐるぐるとすべて腕に巻き取ってしまう。仕方なくまた新しいのを入れても、すぐに全部を巻き取る。巻き取ったペーパーは丸められて部屋のゴミ袋の中に放り込まれている。こんなことが繰り返されるので、ホーム側はトイレにトイレットペーパーを設置するのをやめ、「トイレを利用する際はそれぞれがトイレットペーパーを持ち込む」という不便なルールが生まれることになった。

ヒコさんなりの〝配慮〟
あるとき、ヒコさんが顔を背けたまま近づいてきて、黙って片腕を伸ばしてくる。「どうしたの?」と言うと、受け取れとい

すると、あの小柄な女性店員がレジから飛び出してきた。こちらに駆け寄ってきたかと思うと、ヒコさんの手から情報誌を強引にもぎ取った。ヒコさんも唖然としている。

「今は2冊だけ持って帰るようにしていますので、もう前のようにたくさん取ることはないんですよ」

私がそう説明してもまったく耳を貸さず、彼女は憤然とした表情で引ったくった情報誌を棚に戻した。

「ほかの職員さんも来るけど、あんたのときが一番悪いことをしますよ。こっちはちゃんと見ているんですから！」

攻撃の矛先は私に向かった。その様子を若い店員たちが気の毒そうに眺めていた。

某月某日 ディズニーシー：申し訳ない「役得」

うふうに腕を動かす。手を出すと紙片を渡された。読んでみると独特の文字で「あした　6じ　おきる」とある。「明日、朝の6時に起こしてほしいの？」と聞くと、黙ったままうなずいた。こういうのもヒコさんなりの配慮なのだと思う。

街路樹の緑が濃くなり大型連休が近づくと、「ホームももとせ」の利用者たちも浮き立ってくる。行楽シーズンには利用者たちを連れての観光地への外出*があるからだ。

ただ、職員にとっては、それぞれに特徴のある彼ら彼女らを、行楽に連れて行き、無事に連れ帰ってくるのはたいへんな作業である。半年前から計画を立て、細かくスケジュールを作り、職員も終日気を張っての行動になる。

この年のゴールデンウィークは、東京ディズニーシーを訪れることになった。P市南部エリアの５つの施設から参加者が集まり、バス３台を仕立てて行く。連休日から少しズラし、平日の日程が組まれたので、これなら空いているだろう、と予測したけれども、到着してみると入場口にはすでに長い行列ができていた。若いころから、行列に並ぶのが苦手な私は、長蛇の列を目にして入園する前から疲れがどっと出てしまった。

ところが、係員がやってきて、「こちらへどうぞ」と誘導してくれる。案内のまま進んでいくと、別の入口からスイスイと入場できてしまったではないか。１００名を超す団体の私たちは「団体客専用の入口」から入園できたのである。

観光地への外出
ショッピングモールや公園、アミューズメント施設などを訪れる。静岡県の旅館に一泊したこともあるが、宿泊のある外出はこの１回限りだった。

私の心はこの日の天気のように晴れやかになった。

入園料は、障害者福祉サービスによって割引になる。遊園地、動物園、水族館、美術館などの利用はたいてい半額になる。ただし映画館は1300円が1000円などの例外もある。交通機関も市バス、私バス、JR、私鉄、地下鉄なども半額で、同行する職員も同様の割引になるのだ。

これらのサービスを利用するときは「療育手帳*」を見せなくてはならない。利用者と外出のときは、「療育手帳を忘れるな」が私たち支援員の合い言葉であった。

入園後、エントランスエリアでアイスクリームや飲み物などを買い、ディズニーシーの雰囲気を楽しみながら、アトラクションに向かう。蒸気船で巨大噴水巡りをする「トランジットスチーマーライン」や「フォートレス・エクスプロレーション」など多くのアトラクションがあり、1日ではまわり切れないため、見たいアトラクション別に4つのグループに分かれた。

私たち「ホームももとせ」一行はA班になり、最初のアトラクションに向かう。

療育手帳
知的障害があると認められた人に交付される手帳。発行は各自治体が行なっている。就労相談や支援、ホームなど施設入所相談時に必要となる。東京都、横浜市では「愛の手帳」、さいたま市では「みどりの手帳」、名古屋市は「愛護手帳」など自治体により名前が異なるところも。手帳には障害の等級が記されている。これに対して、精神障害があると認められた人に交付されるのが「精神障害者保健福祉手帳」である。

着いてみると午前中だというのに、もう長い行列ができていた。

その最後尾に向かって、私たちのグループ30名ほどがぞろぞろ歩いていると、

「みなさーん、ちょっとここで待っていてくださ〜い！」

ホーム長の西島さんの声が聞こえると、彼がアトラクションのほうに小走りに駆けていく。

待つことしばし、西島さんが戻ってきて、手招きをする。私たちは西島さんに招かれるまま、アトラクション待ちの行列最後尾とは反対方向、アトラクションの裏側へ進んでいった。

狭い入口に導かれ、私たちのグループは一列になって、複雑な通路をぐるぐる歩かされた。どこに行くのかと思っていると、ドアを開けたところが蒸気船の船着き場だった。次の乗船を待つ一団の人々が笑いさんざめいている。そう、長蛇の列をショートカット*して、一気にその先頭に出たのだった。そこから私たち一行は蒸気船に乗り込み、無事〝冒険の旅〟に出ることができた。

グループ内には車椅子利用者が2名おり、またわれわれがどういう団体かはディズニーシーの側でも理解してくれている。詳細はわからないが、こうした場

長蛇の列をショートカット　かなり前のことで記憶があいまいではあるが、ショートカットできたアトラクションと、ふつうに列に並んだアトラクションがあった。

合、ディズニー側になんらかの対応マニュアルがあるのかもしれない。

思わぬ役得といえるかもしれないが、それにしてもなんだか申し訳ない。感謝の気持ちと申し訳なさが混じり合った一日だった。

某月某日 一触即発：車内でのケンカを回避する方法

「療育手帳」は障害者にとって欠かせない。障害者が就業相談や就業のとき、グループホームやデイサービスを利用するとき、そのほかどんな問題でも、これがあればすぐに相談に乗ってもらえる。

また、これを示せばたいていの交通機関や娯楽施設が職員ともども割引になるのでしょっちゅう使われる。しかし職員にとって、これがなかなか手間なのだ。

電車を使う場合*、自動改札は通れないから駅員と対面で、人数分の療育手帳を示し、金額を計算して払い、半額の切符を人数分発行してもらうことになる。

バスに乗るときはもっとたいへんだ。運転手さんを相手に、療育手帳と人数を

電車を使う場合
階段の多い駅構内の移動はたいへんで、状況により車椅子利用者だけはク

確認してもらい、金額の計算を示して合計金額を機械に入れる。お釣りが発生するといっそうややこしくなる。ほかの乗客の邪魔にならないように、バスを遅らせないように、と思うとよけい焦る。

外出時、私はこの役がまわってきそうになると、乗り遅れを防ぐための殿《しんがり》にまわるなど、要領よく立ちまわり、うまく避けていた。それでも「ずるい！」と言われなかったのは人徳があったからではなく、外出時に職員がもっとも緊張するミッキーさんの係を私がやっていたからである。

統合失調症のミッキーさんは外出中、見えない空中の人に向かって突然話しかけたり、隣に座っている知らない人の顔をじっと見たりするため、一般の人とトラブルになりやすい。まして大柄で表情がなく、職員の中にもどう接すればいいいかわからないという人が何人もいた。

この日は、障害者たちの学習会の集まり*があり、バスと電車を乗り継ぎ、県の施設まで向かうところだった。10人の利用者に職員が４人なので、「ミッキーさん係」の私も彼ひとりを見ていればいい、というわけにはいかない。電車の中は集団が散りやすく、隣の車両に移る利用者がいたりすると、降りてから「人数が

ルマを出して別便で動くこともあった。足に障害があり特殊靴を履いた利用者は階段の上り下りが難しく、エレベーターを使う。必ず職員が一緒にエレベーターに同乗することになっていたため、どうしてもほかの利用者を見守る職員が手薄になってしまうのだった。

障害者たちの学習会の集まり
同一法人下の７つのホームから利用者が集まる懇親会。法人が運営する大型施設に集まり、広間で昼食を食べ、ゲームなどのレクリエーションをして楽しむ。気の合う障害者同士の友だちができたり、コミュニケーション力の向上に効果があった。

「1人足りない」*というこ とが起きるので、とくに気配りが必要だ。

JRはそれほど混んではいなかった。ほかの利用者の世話をしていると、ミッキーさんがひとりで空いた席のほうに行くのが見えた。

少し間をおいて、私もミッキーさんのほうに移動した。立っている乗客のあいだからミッキーさんの隣に座っている四十がらみの男性が見えた。堅太りでやや大柄、背広にネクタイ姿のサラリーマンだ。

表情が不穏だ。顔をこわばらせ、何か言っている。

「てめえ、ふざけた真似を。次の駅で降りるか」

ミッキーさんは自分に言われているとはつゆ知らず、平静な顔で腕組みして横に座っている。

その場を見ていなかったが、私には空いた席にミッキーさんが座るシーンが目に浮かんだ。空いた席に素早く近寄って、両隣の人への気遣いもなく、そのままどしん！と座ったのだ。

精神障害は運動神経にも影響しているケースが多い。〝震顫《しんせん》〟といって手が細かく震える利用者が「ホームもともとせ」に何人かいる。ミッキーさんにもそれが

1人足りない
利用者10名と電車で移動していた際、駅で降りて点呼したら、「1人足りない」ということが実際にあった。このときはすぐに駅員に知らせ、事情を説明して探してもらった。次の駅で降りていて、そこで駅員に〝発見〟され、一緒に戻ってきた。この間、30分ほど、われわれ一行はその場に足止めをくらった。いなくなったその人こそ、ミッキーさんである。

あるので、字を書くときに異常に筆圧が高く鉛筆の芯を折ってしまうほどだ。日常動作の緩急の微妙なコントロールができないこともミッキーさんの特徴である。そのため人とすれ違うとき、よく肘や肩をぶつける。座るときにどしん！と腰を下ろすのも、それが原因である。

私はミッキーさんの前に立つと、隣の険悪な表情の男性に聞こえるように、あえて大きな声で言った。

「ミッキーさん！　並んで座るときに腕は組みません」

「はい」

ミッキーさんは素直に組んでいた腕を膝の上に置いた。

「空いた席に座るときは静かに座るんだよ」

「はい」

「もし、隣の人にぶつかってしまったら『すみません』と謝るんだよ」

「はい」

怒っていた隣の男性の表情がみるみるうちに和らいでいく。男性は私たち二人組がどういう人たちなのか、すぐに理解してくれたようだった。

某月某日　**深夜のトイレ掃除**：便器から出てきたのは…

深夜2時、私は仮眠から起こされた。事務室のドアを叩く音がする。開けるとヒガシさんが薄暗い廊下に立っていた。ヒガシさんこと東田壮太さんは155センチほどの小柄でぽっちゃりした体型で、性格は穏やかでやさしい。知的障害があり、支援区分は「3」*だった。

「どうした？」

「溢れてるよ」

そう言ってトイレを指さす。リビングのトイレは車椅子のまま入れる広いサイズとふつうのものと2つあり、ふつうのほうだ。電気を点けて見てみると、便器は満々と汚水をたたえ、一部は溢れて床を汚していた。

「トイレに起きて気づいたの？」

「うん、ミッキーさんが行ったり来たりしていて、うるさかったので目が覚め

支援区分は「3」　行政からの給付金はこの支援区分に応じてホームに支払われる（本来、介護給付費等は市町村から利用者に支給され、事業者に支払いをするものだが、「法定代理受領」という仕組みを利用し、利用者に代わって事業者が市町村から直接受領する）。この区分は年に一度、ホームからの申告に基づいて、行政によって再審査されて認定される。

た」

「そうか、ありがとうね。あとは私がやっておくから、もう寝ていいよ」

ヒガシさんの背中をポンと叩きながら余裕を見せて言ったが、あの汚水をどうにかしなければならないと思うと、気が滅入った。

まずシャツとズボンを脱いで*下着だけになった。飛沫を浴びてもこれならシャワーを浴びれば済む。スッポンと呼ばれているラバーカップで排水口の吸い出しをするのだが、このまま突っ込めば、汚水がさらに溢れてしまう。そこでバケツで便器の汚水をすくい取り、大きいトイレの便器に流す。トイレがもう一つあって助かった。

便器の汚水が半分になったところで、ラバーカップを排水口に押し付けて真空にし、グイっと引っ張る。だが効果なし。繰り返すけれども反応がない。

こうなったら直接、詰まり物を取り除くほかはない。意を決して腕を突っ込むと、肘まで浸かったところで大きな塊《かたまり》に手が触れた。木や金属ではなく、硬いけれども表面に弾力がある。

爪を立てて掴み、やっとの思いで引っ張り出す。溶けかかった冷凍肉の塊だっ

そのため、ある年は支援区分が「3」だった人が、次の年に「2」になるというようなこともある。

シャツとズボンを脱いで　「ホームもとせ」にはユニフォームはなく、動きやすい格好であればどんな服装でもよく、みな私服だった。当然、着替えも用意しておらず、汚れてしまえば、そのままの格好で退勤まで勤めなければならない。

た。よく見るとかじった跡が見える。信じられない物体にため息が出ると同時に、ミッキーさんの顔が浮かんだ。きっと彼の仕業だろう。

キッチンの三角コーナーには二、三口かじったタマネギが捨ててあった。そのそばにふだんから2本用意してある1・5リットル入りの麦茶の容器が2つとも空になって置かれていた。タマネギをナマでかじり、辛くて麦茶をがぶ飲みしたのだろう。

ミッキーさんの様子を探りに玄関を出て外にまわった。彼はカーテンを閉めるのをなぜか嫌がるので、窓側から室内の様子が見られる。ベッドの上の盛り上がりが規則正しく上下しているから安眠しているようだ。無茶苦茶やって、興奮が収まったのかもしれない。

ミッキーさんは大量の薬を飲むのでその副作用*のためか、寝てしまうと異常なくらい深く眠る。そして失禁が多い。180センチ、80キロもあるから失禁も大量だ。一応、ゴムの防水シーツは敷布の上に敷いてあるのだが、失敗するとベッド全体がぐっしょり濡れる。翌日が曇りや雨だと、職員は泣きの涙である。

副作用
ミッキーさんのほかに、飲んでいる薬による副作用が見られる利用者はいなかった。ミッキーさんだけは副作用が顕著に現

彼は空腹に耐えかねてこんなことをするのではない。夕食は食べすぎるほど食べている。ごはんのお代わりは1回だけという決まりを作っても、職員の目を盗んで3杯目を食べてしまう。利用者のために、麦茶を入れた大型容器2本を冷蔵庫に用意しておくのだが、ミッキーさんがしょっちゅう飲むのですぐなくなる。コンビニで買ってきた500ミリリットルのコーラを一気飲み*して、盛大なゲップをする。

職員たちは「きっと薬の飲みすぎの副作用で喉が渇くのね」と言っていた。

彼はまた頻繁に手を洗う癖があり、そのたびに水道の水もがぶ飲みする。

ある日、ミッキーさんは廊下を歩いていて突然、どばあっ！と水を吐いた。私はちょうどその瞬間を目撃した。胃の中にこんなにも大量に水が入るものかと思えるほどの大量の水だった。

すぐさまモップを持ってきて、廊下の拭き掃除に取りかかる。廊下一面にぶちまけられたのは、食べ物の含まれない、じつにきれいな水だった。

れるので、職員会議でもその情報が共有され、対策などが話し合われていた。

コーラを一気飲み
あるとき、ミッキーさんはコンビニの前にたむろしている〝ヤンキー〟から面白半分でコーラの一気飲みをさせられた。店の前で、言われるがままに平然とした顔で一気飲みし、大きなゲップをしたという。コンビニ店員さんが教えてくれた。

某月某日 おしっこ：それでも憎めない

「ヒコさんが部屋でおしっこしてるよ！」

また教えてくれたのはヒガシさんだった。彼はやさしく、ほかの利用者のことを気にかけていて、職員にあれこれと教えてくれる。

ヒコさんの部屋*に向かうと、開け放たれた自室内の床に大きな水たまりができている。中をのぞくと、敷き布団の上にパンツ一つのヒコさんがあぐらをかいて、

「したった！　したった！」（してやった！）

と得意げに言いながら、よく見てみろ、という手振りで水たまりを示す。穏やかなときにはどことなく愛嬌のある彼も、こんなときの仕草はじつに憎らしい。

「あーあ、こんなことして。あとでヒコさんは反省だな。自分のおしっこだから自分で始末しなさいよ。雑巾とバケツは持ってきてあげるから」

私はそう言うと、ありったけの雑巾と水を入れたバケツ、モップを持ってきて、

ヒコさんの部屋
整理整頓が苦手なヒコさんの部屋は、新聞・雑誌で覆われたゴミ屋敷のようである。しかし、よく見ると敷かれた布団のまわり一面に積み上げられた新聞・雑誌は分類されているのである。彼のおもな情報源である朝日新聞と日刊スポーツは別々の山に区分けされているし、ネットからプリントアウトした情報はクリア

ヒコさんの部屋に置いた。

「さあ、おしっこで布団が濡れるといけないから、布団をあげよう」

そう言うと、ヒコさんが布団から立ち上がったので、そのタイミングで布団をたたみ、私はそのまま部屋を立ち去った。

さあ、ヒコさんはどうするだろう。もしこのまま彼も部屋を立ち去ったら、私が戻って掃除するしかあるまい。

そう思ってリビングから様子をうかがっていると、ヒコさんがモップを手に取って、床を磨き出した。彼にも悪いことをしているという自覚があるのだなあ。それなら最初から床におしっこなどしなければいいものを。

ヒコさんが大雑把に床にモップをかけたのを見届けて、私もヒコさんの部屋に戻り、雑巾で総仕上げをした。

「ヒコさん、こんなことしたら、自分で片付けることになるんだよ。もうやらないでね」

わかったのかわからないのか、ヒコさんはニタニタと笑っている。

ファイルの山に分類され、積まれている。だからこれらの資料を勝手に動かすと、ヒコさんはそのことにすぐに気づき、怒るのであった。

ここまで読み進まれて、知的障害と精神障害がどう違うのかともやもやしている人もいるだろう。この際、明確にしておきたい。

精神科医が参考にしているＷＨＯ（世界保健機関）のＩＣＤ（国際疾病分類）によると次のとおり*になる。

（1）精神障害

・薬物の乱用により依存症や幻覚、痙攣《けいれん》などを起こす。
・統合失調症：幻聴や妄想など感情や思考をまとめることができない。
・双極性感情障害：躁うつ病とも呼ばれる。
・恐怖症性不安障害：危険性のないものに対して不安や恐怖を覚える。

（2）発達障害

・言語習得に、脳の発達初期から遅れが生じる。
・知識、技能の習得に、脳の発達初期から遅れが生じる。
・広汎性発達障害：対人関係やコミュニケーションに必要な脳機能が損なわれている。

次のとおり
ＩＣＤによる「精神障害」「発達障害」「知的障害」それぞれの定義については、ウェブサイト「TRYZE MEDIA」の記事を参照させていただいた。

・運動機能の発達障害：協調運動や特異的運動障害の未発達がある。

（３）知的障害

・ＩＱで測る軽度知的障害：ＩＱ50〜69（精神年齢が９〜12歳）

軽度のあと、中度知的障害、重度知的障害、最重度知的障害と続いている。

精神障害、発達障害、知的障害はまったく違うものだ。「ホームももとせ」はこれら３つの障害の利用者を受け入れている。*

ヒコさんは自閉症で、ミッキーさんは統合失調症である。だが、ミッキーさんについて、ホーム長の西島さんは、

「統合失調症の特徴もあるけど、いろいろ混じっているんですよねぇ」

と言っていた。一般の病気のように「この人は××病です」とはっきりと分類することはできないようだ。

そんなこともあるのか、ホーム側は非常勤職員に対して、利用者の障害の名称や区分を説明することもない。日常の業務の中でなんとなく理解していくのだ。だから、実際の現場では職員は障害の分類にほとんどこだわらなくなる。

３つの障害の利用者を受け入れている

「障害者総合支援法」が規定するグループホームの利用対象者は、①知的障害のある人②身体障害のある人③精神障害のある人④発達障害のある人⑤難病のある人であり、どの人を扱うかは各グループホームが決定できる。「ホームももとせ」は①③④の人たちを対象としていた。

たとえば、ヒコさんは自閉症とされているが、知的能力では特定の分野が突出していた。プロ野球各球団の全選手の背番号やプロフィールを記憶している。選手一人ひとりの顔写真入りのデータをパソコンでプリントアウトし、クリアファイルに分類したものが自室に積み重ねられている。

ほかにスポーツ新聞の山脈もある。これでドラフト情報やシーズン中のトレード、外国人獲得情報を得る。スポーツ新聞は、お母さんが来るときに持ってきてもらう。

さらにタレント情報の収集にも熱心で、タレント、アナウンサー、芸人の顔写真付きサイトをプリントアウトしたものをクリアファイルに入れて保管している。

ヒコさんは毎晩、敷き布団の上に正座し、これらを読んでは整理している。彼にとって命の次に大切なお宝なのだ。だから、逃げるとき*もそれらの最新版一式を布袋に詰め込んで出ていくことが多い。

あるとき、どれくらい重いのか持ってみた。ゆうに7~8キロはある。これを担いで長距離を歩き続けるのだから、たいへんな体力である。

逃げるとき
ヒコさんは逃げると、まずJRの駅に行き、そこを起点としていくつかの目的地に向かう。これが

手がかかることが多いヒコさんだが、私はとりわけ彼のことが気にかかったし、好きでもあった。

ある夜のこと、消灯時間をすぎて事務室で日報を書いていた。するとドアの向こう側に人の気配がする。

誰だろうと思い、立ち上がると、ドアの下の隙間からスルスルと紙切れが入ってきて、ひそやかに足音が遠ざかっていった。紙切れを拾い上げてみる。

いしょに　ねてください*

絵を描くような独特の文字が書かれていた。ひと目でヒコさんだとわかった。気になって彼の部屋に行ってみる。

ヒコさんは私が来るのを待っていたようにニタニタと笑った。

その顔を見ると、どんな仕打ちを受けても彼のことを憎めないと思ってしまうのだった。


パターン化していたので、クルマで探しに行くときはまずＪＲの駅へ向かう。運がいいと、このあたりで見つかることがある。しかし、先にクルマを発見されると、路地に逃げ込まれ、大捕物になってしまうことも。「おはよう、起きる時間だよ」と部屋のドアを開けて、もぬけの空、その虚しさは何度経験しても慣れることはなかった。

ねてください
ヒコさんは一人が寂しいのか、隣に布団を敷いて寝ると安心して寝入る。「ねてください」と誘われ、ヒコさんの隣に布団を敷いて横になり、そのまま朝まで寝てしまったことが何度もある。

某月某日 **熱血教師**：人間関係は難しい

新しい非常勤職員として、杉原健三さんが採用された。背は高くないががっちりした体格の元気な人で50歳くらいに見えたけれど、聞けば中学校の教師を定年退職し、人の役に立ちたくて働きにきたという。60歳はゆうにすぎていることになる。

杉原さんはたいへんに常識人だったが、自分の常識と価値観*に迷いがなかった。

私は日中勤務で、その日、朝9時に出勤した。前日、泊まった杉原さんが日報を書き終え、入れ違いで帰る間際、吐き捨てるように言った。

「魚焼き器、なんですか、あれ！　一昨日の職員さんのやることはデタラメですよ！」

言い方が強いので、ドキッとした。一昨日の担当職員は、私と20歳の青年・小林卓二君の二人組だった。そのことは日報を見ればわかるので、杉原さんはそれ

自分の常識と価値観
杉原さんが入って数週間がすぎたころ、私が日報にたまたま息抜きにイラストを描いているのを見られたことがあった。「これは組織の上部の人も見る公式文書ですよ。こういうのはまずいでしょう」と真剣な顔で注意されてしまった。いかにも「中学校の先生」だなあと思っていた。

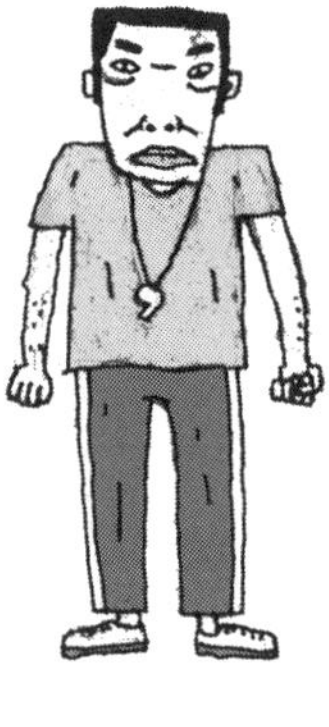

を知ったうえで私に言っているのだ。

ホームの台所は、広いリビングの壁際にしつらえられているＩＨクッキングヒーターのついたキッチンである。魚焼き器が引き出しのようにコンパクトに組み込まれている優れものなのだが、魚を焼き終わってガチャンとしまうと、そのまま洗うのを忘れやすいという欠点があった。

私も以前、一度忘れたことがあり、次の日の職員さんに注意されてから、料理が済んでも魚焼き器を洗うまでは半分出しっ放しにしておくと決めていた。

一昨日は、料理を小林君にまかせていた。若い小林君はスマホを見ながらの料理で手際がよい。だが、少々うっかり屋さんでもある。彼が魚焼き器をしまって、私もそれを忘れ、洗わないままになっていたわけだ。

ここは二人を代表して、「気づかずにすみません。洗わせてしまい、申し訳ありませんでした」と謝ったら優等生だったのだろうが、杉原さんの言い方にムカッとした私は「そうですか」とだけ答えたのだった。

杉原さんは聞こえよがしなため息をついて、そのまま出ていった。

ミッキーさんはきれい好きだ*。水が一滴こぼれてズボンを濡らしたというだけで、洗濯機に放り込んでしまう。洗い終わったたくさんの洗濯物をカゴに移すとき、靴下がポロッと床に落ちようものなら、「あ、洗濯」と言って、もう一度洗濯機に放り込む。

これには当初戸惑ったが、言い聞かしても通じないのだから仕方がない。その代わりに、私は彼が仕事に出かけたすきに洗濯機から取り出し、黙って干してしまうことにしていた。

夕刻、私が仕事を終えて日報を書いていると、脱衣所の洗濯場から大きな声が聞こえてきた。

「大丈夫です！　床はきれいだから！」

「××××××！」

ミッキーさんと杉原さんが怒鳴り合っている。ミッキーさんが何を言っているかはわからない。

「朝、掃除のとき、ちゃんと拭いているからきれいなんだよ！」

「××××××！」

きれい好き
ミッキーさんは手洗いが好きで一日に何度も手を洗うが、自分の部屋を掃除することはない。そういう意味では、一般的な「きれい好き」とは少し違う、「局所的なきれい好き」かもしれない。

「なんべん言やぁわかるんだよっ！」

ついに杉原さんの怒鳴り声が廊下が震えるほどの大音量になった。

ミッキーさんはいったん不穏になると暴力が出る。殴りかかったり、掴みかかったりする。私も繰り返し注意して顔を殴られた*ことが何度かある。

きっとミッキーさんがカゴから落ちた洗濯物をまた洗濯機に入れようとしたのだ。それを目にした杉原さんが注意した。だが、ミッキーさんはそれを聞かずに、あくまでも洗濯をし直そうとしたのだろう。

私は部屋を飛び出して、洗濯場に駆けつけた。

睨みあっている二人の後ろから、努めて穏やかに「杉原さん、手伝いましょうか？」と声をかけた。

ミッキーさんは不穏な表情ではあるが、困った様子も交じっている。これなら大丈夫だ。

「ミッキーさん、一緒に干そうか」

洗濯物が山盛りに入ったカゴを私が担いで歩き出すと、ミッキーさんは黙ってついてきた。

顔を殴られた
３〜４回は顔面を殴られた。不穏な雰囲気になったときに注意すると手が出ることがあり、ほかの職員も何度か殴られていた。

その後、夕食の準備の際に杉原さんに語りかけた。

「あまり厳しく注意してもなかなかすんなりとはいきませんからねえ。ホームはあくまで生活の場*ですから」

少しだけ先輩の私なりに杉原さんにそれとなくアドバイスしたつもりだった。彼は何も言わずに聞いていた。

その数日後、ホーム長の西島さんから呼び出された。

「杉原さんと何か揉めたそうですね」

意外な話に驚いた。杉原さんが、私から高圧的にものを言われたとホーム長にねじ込んだらしい。

別に「ありがとう」を期待していたわけではなかったが、まさか逆恨みされるとは……。どんなところでも、人間関係はなかなか難しい。

生活の場
たとえば職場では「～しなさい」「～しないとダメ」というような指示の仕方で利用者に規律を強いる。そうしなければ仕事が成り立たないだろう。だが、ホームはそれぞれにとって自宅のような「生活の場」であり、あまり強い注意は適さないと私は考えていた。

某月某日　こんな夜中に：真っ暗なリビングルームの隅で

この仕事を始めて数カ月経った宿泊勤務の夜だった。就寝時刻をすぎ、消灯して誰もいないはずのリビングで音がする。事務室はリビングルームの隣なので、薄い壁越しに気配が伝わってくる。

行ってみると、真っ暗なリビングルームの隅で、角刈り頭のヒコさんがあぐらをかいて、電話の子機をいじっている。廊下の非常灯の光がドアのガラス越しに差し込んでいるので、暗闇に慣れた目には番号が見えるらしい。

自閉症のヒコさんは、会話で自分の意思を人に伝えることができない。話しかけられても相手の顔を見ることができない。＊　これは自閉症の特徴だとされている。加えて知的障害も交じっている。

ヒコさんはこんな夜中に、リビングの電話で何をしているのだろう？　だいたい自分で電話などかけられるのだろうか。電話番号を覚えているのだろうか。

相手の顔を見ることができない
ヒコさんは話しかけてもこっちを向かず、視線をはずして斜めを向いている。それでも話はちゃんと聞いている。彼はラジ

いったい誰にかけているのだろう。

ヒコさんは子機を耳に当てた……やがて相手が出たようだ。静かな夜だから声が聞こえる。

女性の声だ。きっとお母さんだろう。何かしゃべっているが、少し離れている私には聞き取れない。ヒコさんは自分がかけたくせになんにもしゃべらず、「あぁ」とか「うん」とか言うだけだ。

近づいて電話を替わろうとしたが、強い力で子機を離してくれない。仕方がないのでヒコさんと一緒に耳に当てた。お母さんとやりとりするのはこのときが初めてだから自己紹介をした。

「『ホームももとせ』の非常勤職員の松本です。はじめまして。夜分遅くにすみません」

「はい、聞いていますよ。いつも忠彦がお世話になっています。きっと自宅へ帰りたがっているのでこんなことするんです」

さすがお母さん、ヒコさんの気持ちがよくわかっている。

「なるほど、そうですか」


オを持っていて演歌番組を寝ながら聴いている。そのラジオが鳴らなくなり、私が直してあげたとき、『「ありがとう」』は僕の目を見て言ってください」と言ってみた。ヒコさんは目を見開いて私に向いて「あ、ありがと」と言った。こちらを見てはいても焦点が合っていないように見えた。ヒコさんに無理をさせて悪かったと反省した。

「電話をしてはいけないことに＊なっているので、あとで電話を隠してください。それでも手に負えなかったら『星空園』（ヒコさんが仕事に通っている施設）の大木さんに電話をしてください。大木さんはこの子の担当で、この人の言うことはよく聞きますから。今から大木さんの携帯の番号を言いますね。あっ、大木さんには『夜中でもいつでも電話していい』って言われています」

お母さんとの電話が切れてからも、ヒコさんは涙目でまた電話をかけようとする。ヒコさんの悲しげな表情を見ると切なくなったが、情に流されるわけにはいかない。ヒコさんから電話を奪い取り、大木さんの番号を押した。

「ハイ、大木です」

大木さんは野太い声の男性で、私の話を聞くと言った。

「わかりました。本人と替わってください」

「ヒコさん、大木さんだよ」

そう言って子機を渡そうとすると、ヒコさんは受け取ろうとせず、その場から逃げようとする。ここは勝負どころだと思った私は、ヒコさんの肩に腕をかけて引き寄せ、子機を無理矢理、彼の耳に押し付けて一緒に会話を聞いた。大木さん

電話をしてはいけない
利用者の半数以上は携帯電話を所持していた。職場からの帰りが遅れたり、困ったときの相談など、多くの利用者にとっても携帯電話は必需品だった。ただヒコさんは携帯電話を持っていなかったし、お母さんからの要請もあり、電話の使用自体が禁止されていた。

の声が聞こえる。

「ヒコさんかい、もう寝る時間でしょ」

「はい」

ヒコさんが答える。驚いた。今まで彼がホームでちゃんと返事をした*のを聞いたことはない。ちゃんと返事ができるんだ。

「電話を触るのをやめて、今からすぐに部屋に行って寝ますか?」

「ダメ」

「あ、そう。それじゃあ、今からそっちへ行こうか?」

「いい、いい」

ヒコさんはあわてたように言って電話を放そうとする。大木さんの大きな声が聞こえた。

「じゃあ、そっちへ行くからね。待っててね!」

そう言って電話は切れた。ヒコさんはオロオロ*としている。

しばらくしてヒコさんは自分の部屋に戻っていった。大木さんがうまく注意してくれてよかった。そう思って安心していた。

ちゃんと返事をした
自閉症の特徴でもあるが、ヒコさんは目を合わせない。ホームで彼に何かを言い聞かせる際にも返事を待つのではなく、表情や態度から「了解」したことを読み取っていた。このときまでヒコさんが返事をできるなどと思ったことはなかった。

オロオロ
利用者たちは感覚的に相手を見ながら「この人はやさしい」「この人はキ

午後11時すぎ、ホームのチャイムが鳴った。出てみると大柄な男性が立っている。

「大木です」

大木さんは本当にやってきたのだ。あとで聞くと、「ホームもともとせ」の所在地の隣のQ市に住んでいて、そこからクルマを飛ばし30分かけて来てくれたのだという。大木さんは40歳くらいで、ヒコさんより縦も横もふた回り大きかった。

「こんばんは」

私にひと言あいさつすると、ヒコさんの部屋まで歩いていく。ヒコさんが出てくると、

「ヒコさ〜ん」

と身体を寄せ、一緒に並んでベッドに腰かけた。

「ダメじゃない、ちゃんと職員さんの言うことを聞かないと」

ヒコさんは困ったような笑いを浮かべている。

そのあと、大木さんはしばらくベッドの上でヒコさんに語りかけていた。ヒコ

ビシイ」「この人なら大丈夫」といった判断を下している。その判断が一般の人たちよりもあらわになるといってもいい。私が来ても平然としていたヒコさんが、大木さんの言葉でオロオロし出したのもそういうわけだ。

さんはおとなしく聞いている。

　こんなやり方もあるのだと感心して眺めていた。

「星空園」は一般企業の就労枠で働くことが難しい障害者を受け入れる、就労継続支援B型（第3章で詳述）の授産施設である。逃げたり、暴れたりすることも珍しくない人たちの仕事の場だから、仕事をしてもらうと同時に規律やルールを教え、生活指導*も行なっている。

　大木さんはこんな時間にわざわざ家から30分かけてヒコさんのために駆けつけてくれたのだ。そして、ヒコさんとのやりとりにも大きな愛情が感じられ、ヒコさんも大木さんを信頼しているように見えた。

　大木さんとヒコさんとのやりとりを見ていると、ヒコさんのそばにこういう人がいてくれることに安心感を覚え、私もこの仕事を続けていけそうな気がしてきた。

生活指導
仕事に集中できない利用者は、別室に外されて休憩させたり、集中できる仕事に変更したり、一人ひとりの状態に合わせてフォローしている。利用者が出勤を渋ったときには、星空園の職員がホームに上がってきて強引に連れていく。仕事は毎日出かけるものだと認識させる必要があるからだ。こうした規律ある雰囲気の中で、あいさつや身だしなみから、歯磨き指導までやってくれる。ホーム職員としても、じつにありがたい存在なのだった。

第2章

ホームは今日も大混乱

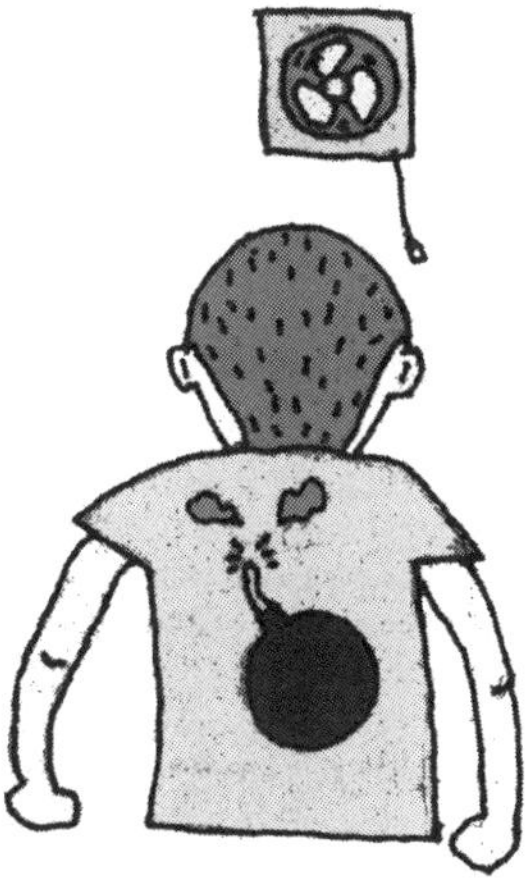

某月某日　**職探し**：いつのまにやら支援員

「まえがき」で述べたとおり、食べるための手段として私は仕事探し*をしていた。とはいえ、まもなく70歳を迎えようとする私にあれこれ選り好みできるほどの仕事はなかった。求人チラシの中に車椅子を押しているカットイラストの添えられた募集広告があった。高齢者ホームの介護の仕事と思ったまま、私は電話をかけた。

面接場所として指定された「ホームももとせ」は新しくて廊下は広く、リビングもゆったりしていて、窓側は全面ガラスの引き戸になっていて明るい。面接をしてくれた責任者は「ホーム長」と名乗った。西島耕平さんという20代後半の青年で、中肉中背でメガネをかけ、鼻筋がすっきりと通っている。話しぶりにも才走ったところがなく穏やかで好感が持てる。

話を聞いていると、お世話する対象は高齢者ではないらしい。障害者だと聞い

仕事探し
会社経営が行き詰まり悪戦苦闘している最中、妻が乳がんと診断された。私は、心労が発病を招いてしまったのではないかと考えた。生活が安定すれば、妻も治療に専心できると思い、なるべく早めに仕事を決めたかった。その後、抗がん剤治療などにより、がんの診断から8年がすぎた今も妻はまだ元気である。

ても、そのイメージが湧かなかった。

まあいいか。どちらにしても人を介護する仕事に変わりはないだろう、そんな程度の考えだった。

ただし、すぐに採用されるのではなく、「テスト勤務」として泊まりを４回こなした後に、この地域の施設４つを統括する責任者＝「エリア長*」の面接を受けて正式雇用になるのだそうだ。

ホーム長の西島さんはこう説明した。

「ホームには利用者が１階に男性５名、２階に女性５名の合計10名住んでいます。その生活のお世話です。それと話し相手も仕事ですから……」

日常生活のお世話というのはわかるけれど、「話し相手も仕事」というのはなんだろう、と思った。

西島さんの説明によると、男子５名、女子５名、合計10名の利用者が暮らしていて、もっとも手のかかる「支援区分６」の利用者はヒコさんとミッキーさんの男性２名、女性１名の計３名。あとの７名の利用者は「支援区分２〜５」の人たちだという。

エリア長
「ホームももとせ」を運営する福祉法人は巨大で、100を超える各種施設を展開している。福祉法人の本部の下に、各地域を統括するエリア長がおり、その下に施設ごとのホーム長が存在する。本部には人事、経理、総務部門があり、理事たちが運営。そのトップは理事長で民間会社の社長に当たる。理事長や理事たちの訓示などもたびたび聞かされた。

2階建てのホームで、2階は女性利用者、1階には男性利用者が住んでいて、利用者が1階と2階を行き来することは禁止されている。2階に女性職員1名、1階に男性職員1名が泊まり、1、2階をまたがってフォローする「遊軍職員」1名の3人体制で対応。

日中勤務は、基本的には8時～17時で昼休みを挟んで8時間、ほかに6時間、3時間など変則型がいろいろある。宿泊勤務は、夕方4時に入り、翌朝、利用者たちを仕事に送り出して午前9時半に勤務終了となる。泊まりは、午後10時～午前5時半は寝てもいい夜勤タイムで宿泊手当が5000円つくという。しかし、利用者優先なので、何かあったら対応しなくてはならない。

寝ていて5000円はおいしい、とホーム長・西島さんの説明を聞きながら、私は皮算用していた。

某月某日 **テスト勤務**：確認係、失格！

テスト勤務の初日がやってきた。私は午後４時から翌朝９時半までの10時間勤務（寝ていてもいいことになっている夜勤の時間帯を除く）だ。２階には宿泊勤務の女性職員が１人いて、そのほかに午後３時から午後８時まで「遊軍職員」として１名が入り、本来は３人体制で対応する。だが、この日だけは面接してくれたホーム長の西島耕平さんがフォローしてくれる。

私は午後４時の10分前に出勤した。タイムカードを押したらすぐに日報を読むように言われる。利用者たちの状況を知り、伝達事項などを確かめるためだ。ただ、日報の文章はわかりにくく、１階フロアの５人分を読むのに時間と根気を要した。

それから、干してある利用者の洗濯物を取り入れ、各部屋に持っていく。館内、風呂場、トイレ掃除のやり方、*脱衣所にある２台の洗濯機と１台の乾燥機の使い方やルールなど、次から次に西島さんからの説明を受け、手帳にメモを取りながら仕事をしていった。西島さんは決して〝上から目線〟ではなく、つねに「こうしてもらえますか」と丁寧でこちらが恐縮するほどだったし、尋ねれば嫌な顔をせずになんでも答えてくれた。

風呂場、トイレ掃除のやり方
風呂場の洗い場は寝たきりの人でも世話できる広さがあり、湯舟も寝そべって湯に浸かれる長さがあった。また、トイレは車椅子でも使用できる広さのあるところとふつうのものと2つあり、それぞれ掃除のやり方も違った。

今日の遊軍職員は、色の黒い女性だった。白髪が目立ち60代後半くらいに見える。元気に1階と2階を行ったり来たりしている。手のあいた私が日報を読み返していると声をかけてきた。

「テスト勤務ですか？　今日が初めて？　それじゃあ、食材の確認を手伝ってくれますか？」

女性は下田しげ子と名乗った。

手伝う作業内容をテキパキと説明してくれる。業者が玄関先に置いていった12人分（利用者10名＋職員2名）の食材の確認と仕分けだ。野菜、卵、冷凍肉などの入っている発泡スチロールの大箱は重く3箱もあったが、筋トレ*が好きな私には力仕事は苦にならない。

それよりも、食材の確認が難作業だった。下田さんが眼鏡をずり上げて食材リストを「ピーマン1袋、パプリカ2袋……」と読み上げる。

ピーマンは取り出せたが、パプリカがわからない。私がモタモタしていると、焦れた下田さんが「その赤いのですよ」と自分で取り出す。その後もホウレンソウと小松菜の区別もつかない私にイラついているのが伝わってきた。下田さんは

筋トレ
私は70歳をすぎてからも「腕立て30回」「鉄アレイを持ってのスクワット」「公園の鉄棒での懸垂」などを毎日8セットずつこなしており、体力には多少自信がある。

ムッとした顔つきでリストの紙を突き出した。

「あなたが読んでください」

早くも確認係失格の烙印を押された。これまですべての家事を専業主婦の妻にまかせてきたツケがこんなところでまわってきたのだ。この人は怒りっぽそう。それもメモに残しておこう。

「ここでは男の人も調理をしていますからね」

下田さんは薄い唇に皮肉っぽい笑いを浮かべて追い打ちをかけてくる。初日から私はおののいた。しかし、こうなったら過去の栄光（?）をすっぱり忘れて、トイレの神さまに褒められるようなトイレ掃除*をやり、どんな作業も厭わず、そこに楽しさを見いだしていこうと覚悟を決めた。

午後4時半ごろから夕食の支度が始まる。

西島さんが声をかけてきた。

「ごはんを炊くのできますか?」

「はい、それくらいはできます」

トイレ掃除
ライター時代、その後の会社経営時代には忙しさにかまけて、家事を全面的に妻にまかせていた。その後、会社の倒産で迷惑をかけ、妻には頭が上がらなくなった。もちろん今では家のトイレ掃除も私の担当である。

「今日、1階は職員2名分を入れて7名か……そうだなあ、6合炊いてもらいましょうか。米櫃と炊飯器はそこにあります」

7人が食事*してなお余裕のある広いリビングの壁際に、シンクやIHクッキングヒーターが並んだキッチンがある。その右側に大型冷蔵庫がでんと立っており、その隣の金属棚に米櫃と炊飯器などが置かれている。その右端が食器棚だ。つまり、調理者の動線はカニの横這いのように右に行ったり左に行ったりを繰り返す。

「料理はこれから覚えます。すみません。当面は皿洗いを全部やりますので」

言い訳をすると、西島さんが慰めてくれた。

「僕も料理は苦手で、いつも女性陣にやってもらっていますよ」

西島さんは管理者でほかにやることが多い*からそれで通るが、非常勤の私がそういうわけにはいかないだろう。うちに帰ったら妻に味噌汁の作り方から教えてもらわなくては。

「履歴書、見ましたけど、大学、偏差値高いところですねえ。こういう人がうちに来てくれるの初めてですよ」

西島さんがタマネギを剝きながら話しかけてくれる。司法試験合格者の数では

7人が食事
利用者5名と職員2名。基本的に夕食は職員も一緒に食べる。夜勤の場合、翌朝の朝食を利用者と一緒に食べる職員もいたが、私は食べなかった。慌ただしすぎて、食べる気になれなかったのだ。

やることが多い
管理者として、本部ないし役所へ提出する各種書類の作成、利用者の家族との話し合い、職員のシフトの管理、給与支払いのための勤務時間表のチェックなどなど仕事は尽きない。彼自身もシフトに入っての勤務もあり、また職員に欠勤が出れば代替要員の手配、手配がつかなければ自分が代わりに入る。さらに利用者がトラブルを起こせば、

東大と並ぶ私大の法学部卒とあるのを見て、敬意を払ってくれたのだ。

「いえいえ、社会に出れば学歴なんてみな同じですよ」

そう返しながら、西島さんの気遣いが嬉しかった。

某月某日　**初顔合わせ**：怖そうな人、やさしそうな人

夕食の準備中、利用者が作業所から帰ってきた。

どんな人たちなのだろう。私にとって、利用者との初顔合わせである。緊張が高まる。玄関から駐車場を抜けて、マイクロバス*に向かいながら西島さんが説明してくれる。

「このバスで2人帰ってきますが、ホームの職員が出迎えに行くことになっていますから」

作業所の職員はわれわれを認めると、利用者を一人降ろした。頭を五分刈りにした大柄な20代前半の若者だった。目鼻立ちがはっきりしているのに口が半分開

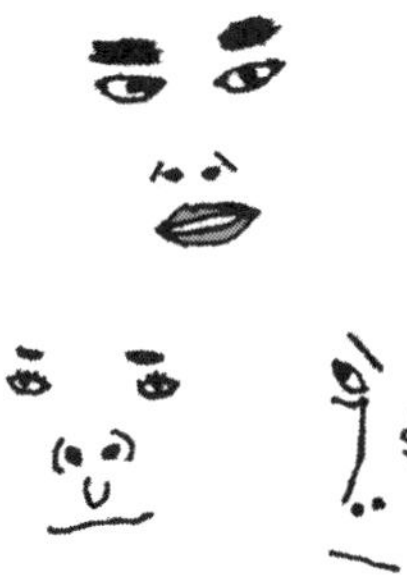

解決するまでかかりきりになるし、実務の研修もある。一緒に働いていて、彼の奮闘ぶりには頭が下がった。

マイクロバス
このマイクロバスにはいくつかの施設の利用者が相乗りしている。あるとき、迎えに行ったマイクロバスのドアが開くと、知らない男性がすごい勢いで駆け降りてきた。別の施設の利用者らしい。職員が慌ててあとを追い、大暴れする男性を捕まえ、引きずってマイクロバス

いている。ぼうっとした表情だ。職員は路上でまっすぐに向かい合わせになってあいさつさせる。

「ハイ、なんて言うんですか？」

「……ありがとうございました……さようなら」

「ハイ、さようなら」

西島さんが「彼は三木陽介さんです」と紹介してくれた。私があいさつすると、硬い表情でぎょろりとこちらを見て、何かつぶやいた。背が高いのと、眉が濃く目が大きいので、にらまれたように思え、少し怖かった。西島さんは親しみを込めて彼を「ミッキーさん」と呼んでいた。

車内でもう一人の職員が、誰かに降りるようにうながしている。

「迫田さん、降りていいよ。連絡帳*、忘れないで」

降りてきたのは頭を角刈りにした肩幅の広い男性だ。身長は170センチちょっと。背中を丸めている*ので年寄りっぽく見えたが、よく見ると30歳前後のようだ。職員が真っすぐに対面させようとしたが、顔をそむけて相手の顔を見よ

に連れ帰った。同乗していたミッキーさんが無表情にそれを眺めていた。

連絡帳
ホームと職場とのあいだの連絡手段で、すべての利用者が持っている。ホームでの出来事や職場への申し送り事項などを職員が記す。「昨夜はほ

うとしない。

「ハイ、こっちを見て」と無理に正面を向かせるが、それでも視線を合わせようとしない。

「ハイ、なんと言うのですか？」

「あ、あ、ありが、と、ございます」

独特の口調で言うと、さっと玄関のほうへ駆け出そうとする男性の腕を西島さんがつかまえる。

「ヒコさん、一緒に行きましょう。それでね、この人は職員になるかもしれない松本さんだよ」と私を紹介した。

「松本です。どうぞよろしくね」

あえて砕けた調子であいさつしたが、返事はもらえず、彼はこっちを見ようとしない。しかし、私を意識しているのは伝わってくる。

「松本さん、彼が迫田忠彦さんです」

西島さんが彼の腕をつかんだまま、紹介してくれた。これが私とヒコさんとの初めての出会いだった。

とんど眠っていないので注意してください」などと記しておくと、「問題なく作業をこなしていました」とか「集中できず、午後は仕事になりませんでした」などといった職場での仕事ぶりが書かれてきたりする。職員同士のささやかな交流ツールでもある。

背中を丸めている
ヒコさんは立っているときにはオランウータンのように前かがみで腕が前に垂れている感じなので身長164センチの私と同じくらいの目線に思える。だが棚の上の物を取ろうとしたときなど、身長がぐんと伸び、意外に背が大きかったことを実感する。

数分すると、3人目の利用者が別のボックスカー*で帰ってきた。迎えに出てみると、仕事場の職員が2人がかりでガッチャンと車椅子の人を降ろしたところだった。

ラッキョウ型の頭にカールした髪、色白で真ん丸な目が子どもっぽかったが、歳がわかりにくく20代にも30代にも見えた。目が合ったので、直接、私から初対面のあいさつをした。すると、少しおびえた表情で「××××××……よろいく」と返してくれた。

よく聞き取れなかったけれど、一生懸命に話をしようとしてくれた。最後に「よろしく」と聞こえたから、たぶん名乗ってくれたのだろう。西島さんが横で「久保田好政《よしまさ》さん、クボさんです」とフォローしてくれた。

彼の車椅子は私が押した。生まれて初めて車椅子を押したが、わずかなスロープは急に重くなるし、カーブはすぐには曲がれないし、結構、難しいものだということを実感した。

そのあと歩いて帰ってきたのは、155センチほどの小柄でぽっちゃりした体型の若者だった。穏やかでやさしそうな雰囲気が伝わってくる。

ボックスカー
車椅子を固定できる仕様になった特製のボックスカー。車椅子の乗降があるため、職員は必ず2人ついた。利用者ひとりの送り迎えのために、このボックスカー1台と職員2人が用意される。日本の福祉も捨てたものではないと私は思った。

玄関のあがりがまちで「はじめまして」とあいさつすると、一応あいさつを返してくれたが、舌がまわらないらしくよく聞き取れない。ぼうっとした表情で少し話すだけで、よだれがスーッと垂れた。名前は東田壮太さんという。ホームではヒガシさんと呼ばれていた。足も不自由らしく、部屋に向かうとき足を引きずりながら歩いていた。

これから彼らとつきあっていくことになる。とっつきにくそうな人もいれば、やさしそうな人もいる。そんな当たり前のことを思っていた。

某月某日　宿泊勤務、手当て5000円：夜勤はおトク？

利用者たちは全員が薬を飲んでいる。* だから、この職場では夕食の支度は薬の支度とセットになっている。

ほとんどの人が朝昼夕の3回で、就寝前も入れて1日4回の人もいる。多い人では、夕方の薬の量は11錠あった。

薬を飲んでいる
基本的には抗精神病薬であるが、ほかにも高血圧の薬や喘息の薬などさまざまであった。

夕食の準備の際、事務室の壁に貼ってある大きな薬カレンダーから出した薬を各利用者のランチョンマットの上に置く。

「ちゃんと飲んだかどうかも確認してくださいね」

西島さんが注意してくれた。

「とくにミッキーさんは薬の量が多いし、指に震顫（震え）があるので、床にこぼさないように小皿に出して渡してください」

薬の飲み方ひとつとっても、利用者ごとに特徴があり、対応法があるのだ。


食後の食器洗いは原則、利用者各々がやることになっている。車椅子のクボさんもシンクにもたれながらやっていた。

洗い残しをする人がいるので、職員は各々の洗い方をさりげなく点検し、場合によっては洗い直しをしてもらわなければならない。食器洗いは職員がやったほうが早いのだが、利用者の自立のためには手間がかかっても自分でやってもらう*ことになっているのだ。

利用者の服薬確認や食後の後片付けなど、ホーム長の西島さんにしたがって夢

自分でやってもらう
研修では〝ノーマライゼーション〟という言葉を繰り返し教えられ

中でやっているうちに就寝時間になった。

午後9時になると、西島さんはリビングにいる利用者に自室に戻るように促した。

利用者が自室に戻ると、職員2人は事務室に入る。四畳半ほどの事務室には、ベッド、事務机、コピー機、タイムレコーダー、書類棚など、管理運営に必要なものが全部詰め込まれていた。カーテンレールには誰のものか知れない厚手のジャンパーや帽子など、いろいろぶら下がっていて狭苦しい。机の上は書類が積み重なり、必要なものを探し出すのに苦労しそうだった。西島さんは人柄はいいのだが、どうやら整理が苦手なようだ。

西島さんは各種書類のありか、さまざまなカギの入った引き出しなど、部屋の備品の説明をしてくれたあと、こう言った。

「今夜はこのベッドで寝てください」

「はい。でも、西島さんはどこで？」

「私は適当に寝ますから大丈夫です。11時ごろの見まわりと午前2時ごろミッキーさんのトイレ起こし*をやりますから、それまでは日誌を書くなり仮眠をとる

る。「障害者は隔離されず一般市民の中で同様の生活をしていく」。障害者福祉の理念を表す言葉である。この理念にしたがい、自分のことはできる限り自分でやってもらう。ホーム長は利用者と年に一度、目標を確認して、アセスメントシートを作成し、努力目標を立てる。自分で食器を洗ってもらうのもその一環である。だが、アセスメントシートをきちんと読んでいる非常勤職員は私の知る限り一人もいなかった。私も毎日の世話が精いっぱいで細かい字で作成されたアセスメントシートを読む気にはなかなかなれなかった。

トイレ起こし
薬のせいで眠りが深すぎるミッキーさんは失禁が多いため、午前2時のトイレ起こしが必須になっ

なりゆっくりしてください」

そう言うとリビングに行ってしまった。

明朝は5時半に起きて、朝食の支度、利用者の送り出し、掃除が待っている。もちろん一人では手に負えないから、7時に出勤してくる遊軍の非常勤職員の手を借りて午前9時半までに終えなければならない。

明日の朝に日報を書く時間はなさそうだから、今のうちに書いておこう。そう思って、日報を開くと、ガラッと誰かが部屋から出てくる音がした。

足音がウロウロとさまよっている。

誰だろうと身構えていると、明かりが点いているリビングのガラス扉が開く音がした。すぐに西島さんが事務室に入ってきて、ミッキーさんのレターケースから薬を持って出ていく。

私も西島さんのあとを追って一緒にリビングに向かうと、目を血走らせたミッキーさんが立っていた。薄明かりの中に呆然と立つ、180センチあるミッキーさんの姿にたじろいだ。

西島さんは薬を渡して、その場でミッキーさんに飲ませた。


ていた。ただ声をかければ起きるわけではない。揺すった程度では起きない。布団を剥ぎ、脇に手を入れて無理やり上半身を起こし、ゆっくりとベッドから床に降ろす。下手をするとこの段階でも目覚めないことすらある。ようやくトイレに行かせても、便器に座ったまま寝てしまうこともあり、トイレ起こしといっても重労働なのだった。

「さあ、部屋に戻ろう」西島さんがそう言う。

「ここにいたい*」ミッキーさんがぐずるように言う。

こんなことが起こったとき、「宿泊勤務」ならこれからは私ひとりで対処しなければならない。そう思いながら、西島さんがどうするかを見ていた。

「ここは夜中にいるところじゃありません。そのためにみんな自分の部屋があるでしょ。じゃあ、寝るまで一緒にいてあげるから部屋に行こう」

西島さんは落ち着いてそう言うと、ミッキーさんを連れて部屋に入った。

西島さんはそのまま部屋の戸を少し開けておいてくれ、私は廊下の常夜灯の光で薄暗い部屋の様子を見ていた。

「今日は天気がよかったから、洗濯物も全部からっと乾きましたね。だけど、明日は天気が悪くなるみたいだから、洗濯は心配だね」

西島さんはそんなどうでもいいような話をぼそぼそとミッキーさんに語りかけていた。話す内容などはどうでもよく、そばにいてあげることが大切らしい。

10分ほどするとミッキーさんが静かになった。そのあと、西島さんは黙っている。ただそばにいるだけだ。

ここにいたい
なぜか自室で寝るのを嫌がり、リビングにやってきて、朝まですごすことがあった。明け方になると眠気に勝てなかったのか、リビングの机に突っ伏して寝ている。暗がりで机に突っ伏しているミッキーさんを初めて見たときは何事が起こったのかとぎょっとした。

ぶつ切れ睡眠
私も若いころに不眠で悩んだことがあった。しかし、あることをきっかけに眠れずに悩むことがなくなった。「クオーク」（講談社）という科学雑誌に執筆していた私は睡眠の記事をたびたび書いた。そこから2つの確信を得た。ひとつは「眠れなくても暗くして目をつむり安静にしていれば、脳波は睡眠時とあまり変

ついにミッキーさんの寝息が聞こえてきた。しばらくして西島さんが部屋から出てきた。

「今夜はうまくいったけど、うまくいかないときもありますよ。ミッキーさん、ホームへ来たころは部屋で寝られないと言って、寝具を引きずって事務室の前の廊下で寝たりしていましたから」

私は事務室に戻り、携帯電話で午前2時にアラームをかけ、ミッキーさんを起こしてトイレに行かせ、それからまたぐっすり眠って朝5時半に起床した。私はどこでも眠れるので、この〝ぶつ切れ睡眠*〟は少しも苦にならなかった。

某月某日　危険水域：「ベテラン」からの注意

テスト勤務2日目。この日の遊軍職員・小林卓二君は丸顔のアンパンマンみたいな男性だった。高校を出て非常勤でこの仕事を始めて3年目、20歳の若者だ。

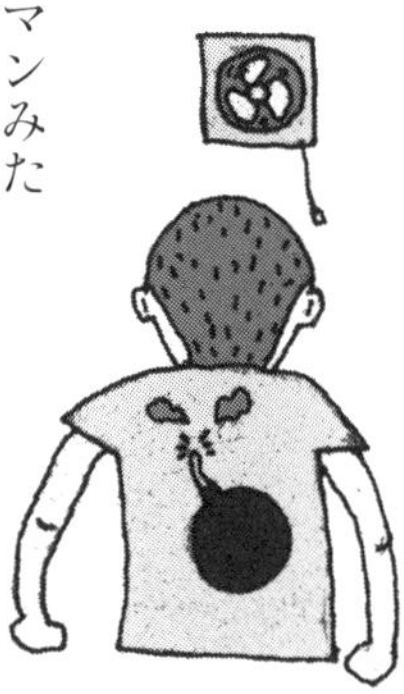

わらない」という事実。もうひとつは「寝入って1時間くらいの睡眠は深海のように深い。そのあとすぐに脳波は水面近くまで上昇して睡眠は浅くなり、朝まで浅いままである」という事実である。この2つの科学的事実から、私は「眠れないときは暗闇で目をつむっていれば、ほぼ眠ったのと同じ」と心から思えるようになった。今では夜中にトイレなどで目覚めても「もう1回、深い睡眠がとれるぞ」と嬉しくなる。

孫のような年代だが、私から見ればベテランである。

午後4時半、今日も仕事場からヒガシさんが足を引きずりながら帰ってきた。

「ただいまあ」

靴を脱いであがりがまちに上がる。すると職員の小林君がウルトラマンがレーザー光線を出す構えをしながら言った。

「そうた！　シュワッチ！」

ヒガシさんは、ぼうっとしていた表情をサッと引き締め、戦う構えをしてリビングの床へ寝転がった。同世代の二人のやりとりは友だち同士の戯《たわむ》れのように見えた。小林君がレーザー光線の構えのままヒガシさんににじり寄った。

〝戦闘〟が始まる雰囲気だったが、私がいたせいか小林君がそれ以上かかっていかず、ヒガシさんは残念そうな表情で自分の部屋に行ってしまった。

これが話し相手も仕事の内というやつなのか。こんな対応は私には無理だ。この仕事を続けていけるのだろうかと心細くなる。

西島さんが「利用者には声がけを忘れないでください」とも言っていた。当面、私は「声がけ専門」でやっていくしかないだろう。

テスト勤務の最終日4日目を迎えるころには仕事にもだんだん慣れてきた。忙しくなる夕食準備の時間帯、私は1階と2階を往復*していた。その間もできる限り、利用者への声がけに努めていたが、ミッキーさんだけは素通りをしていた。というのも、ミッキーさんは大柄で表情がないので何を考えているかわからず、自傷癖があり、以前包丁で自分の頭を刺して血だらけになったこと、さらに後述する傷害事件を起こしたことなどを聞いていたからだった。

ホームでは、利用者の障害特性を非常勤職員に説明することはない。だから、私たち非常勤職員たちは利用者がどういう障害なのかわからないままで対応していた。専門家の障害認定書には、具体的に書かれているのかもしれないが、私たちにはそれを見る機会はなかった。したがって、非常勤職員にとって大事なこと*は「障害の名前」よりも「症状」である。その点、ミッキーさんの「症状」は職員にとって扱いづらいものだった。

2階から階段を下りてくる途中で、リビングを見下ろすと、食事前で席に着いた利用者たちがにぎやかにしている。しかし、その中で誰にも声をかけられず、ただ座っているミッキーさんのまわりだけ孤独のバリアに包まれているように見

1階と2階を往復
1階フロアと2階フロアにはそれぞれリビング、キッチン、トイレ、風呂場があり、ほぼ同じ間取りになっている。ただ調理器具や食材の貸し借りなどがあるため、夕食時になると職員は頻繁に1、2階を行き来することになる。

非常勤職員にとって大事なこと
とくに非常勤職員たちは「障害の名前」などを深く考えたりしない。年配の主婦が多く、彼女たちはこれまで生きてきた世間の常識どおりに接して、利用者を「素直・素直じゃない」「言うこと

えた。なんとなく、まずいな、という気がした。ほかの職員が気づいて声がけをしてくれないかな、と都合のよいことを考えた。

突然、ミッキーさんが立ち上がり、換気扇の下に直立した。どうなるのだろうと心配で私は眺めていた。

ミッキーさんはお辞儀をすると、換気扇に向かって、強い口調で何か言い始めた。

「集団生活は……」「心をきれいに……」という言葉が聞こえてくるが、内容は脈絡がなくて意味不明だ。「あなたは……」とも言っているから、誰かと論争している感じだった。遊軍職員の小林君がつぶやくように言った。

「このおしゃべりが喧嘩腰になってきたら危険水域*です。危ないから早めに止めないと……」

テーブルに並べ終わった7人分のトンカツの食欲をそそる匂いが流れる中、私は意を決してミッキーさんに話しかけた。

「さあ、ごはんだよ。一緒に食べよう」

ミッキーさんはこちらを見ずにそのまま席に着いてくれた。小林君が急いで換

を聞く・聞かない」などと評価しながら世話を焼いていた。だが、それが悪いわけではない。彼女たちは利用者を見下したりすることはなかったし、献身的に仕事に従事していた。

危険水域
顔の表情や雰囲気が不穏さを表出している。反応が鈍くなったり、手の震え（震顫）が激しくなったりすると危険水域。私もこの仕事に就いて、２～３カ月ほど経つうちにミッキーさんの危険水域を読み取れるようになった。

気扇に駆け寄り、スイッチを切った。

某月某日　いっぱい血が出る?：包丁ぶらんぶらん

こうして私は正式に非常勤職員として採用された。

「眠れて5000円の手当がつく勤務はおいしい」と考えた私は勤務形態を決める段になり、月・水・金の週3回の「宿泊勤務*」と日曜日の日中勤務を入れた。夜中にひとりでの対応もあるが、慣れればなんとかなるだろうと思っていた。

この勤務形態だと、時給1050円だから月平均23~24万円くらいになって、社会保険に入らない選択をしたので手取りは20万円*を超えた。

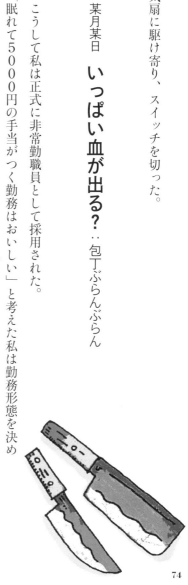

夕食準備の一番忙しいときにもっとも放っておかれる利用者はミッキーさんである。大柄で眉が濃く目がぎょろっとしているので、周囲のざわめきの中で黙って座っていると声をかけにくい雰囲気を放射する。

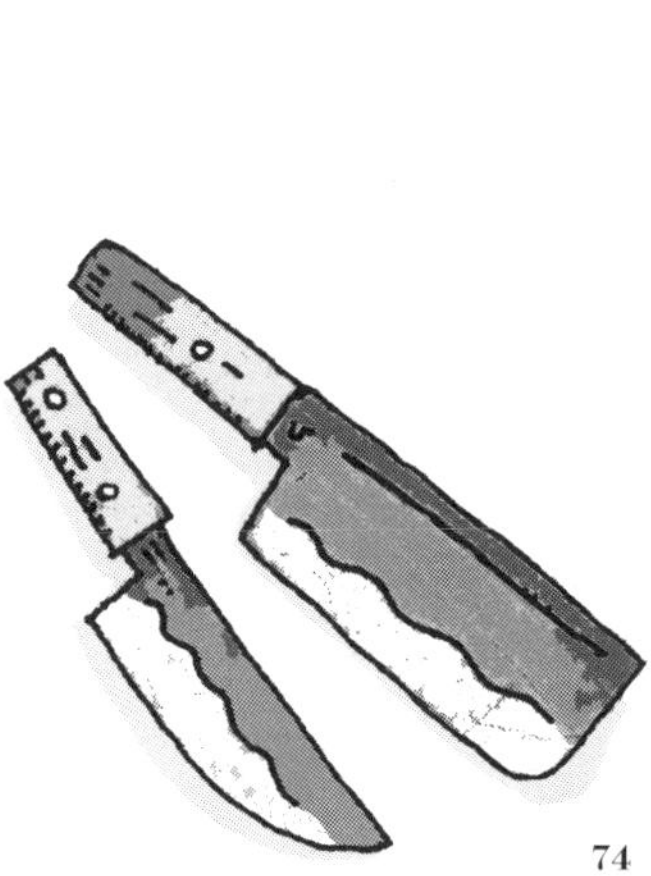

宿泊勤務
職員の中には「宿泊勤務」が苦手な人も多かった。寝てもいいことになっていても、午前2時のミッキーさんのトイレ起こしがあるため、寝られないという人もいた。その点で「宿泊勤務」を得意とした私は重宝されたといえるかもしれない。

手取りは20万円
これに私の国民年金が7万円、妻の年金が6万円

ミッキーさんの関心が刃物に向かっているのが気になっていた。ミッキーさんには趣味や関心事がひとつもない。だからホームにいるときは終始ぼうっとしている。夕食前も、リビングに座って職員が調理をしているのをただ眺めている。キッチンでジャガイモを剥いていると、

「その包丁で切ったら痛い？　いっぱい血が出る？」

突然、そんなことを聞いてきた。私が入る前に自傷して血だらけになったという話を思い出し、何を考えているのかとヒヤッとする。

その日は、社会福祉系の大学から実習生*の鮎川誠君が遊軍職員として入っていた。それにもう一人の職員である50代の主婦・松岡圭子さんがいてホームは夕食支度の喧騒に満ちていた。

慌ただしく作業している中、ミッキーさんの表情の険しさが増している感じがした。声がけをしなくてはと思いつつも、この日は忙しくてそれどころではなかった。しばらく2階で作業し、1階に下りると、松岡圭子さんが寄ってきて私の耳元でささやいた。

「たいへんなことが起きたの。ミッキーさんが包丁を持って部屋に隠したのよ」

あった。老夫婦のふたり暮らしのため、細々とではあるが家計的には問題なかった。

実習生
本部は社会福祉系の大学からの実習生をつねに受け入れていた。福祉職の人材育成という側面もあったが、足りない人手を補うという意味合いもあったように思う。とはいえ、本部の希望のとおりに実習生が来ることはなかったようだ。私が出会ったのは8年間でこの鮎川君ひとりだけだった。

「え？　そこに座っているじゃないですか」

「ついさっきよ。包丁を持って部屋に歩いていくのを鮎川さんが見たって言ってるのよ」

実習生の鮎川君が心配そうにヒョロ長い体でそばに寄ってきて、うなずく。

「包丁で切ったら痛い？」という言葉が思い起こされ、頭が真っ白になった。

「その包丁を取り戻さないと……」

松岡さんはミッキーさんのそばに座り、甲高い声で言い始めた。

「ミッキーさん、あなた包丁を部屋に持っていったでしょ！　ダメよ！　すぐ戻しなさい！」

そばで聞いているだけでも「うるさい！」と言いたくなるようなキンキン声である。ミッキーさんがキレやしないかハラハラしたが、生後すぐに母親がいなくなったミッキーさんは、女性にまったく慣れていないためか、困ったような笑いを浮かべて「知らない」と首を横に振っている。

「嘘よ！　鮎川さんがちゃんと見ていたのよ」

松岡さんは怖いもの知らずに言い立てる。私もその勢いに乗って聞いてみた。

「じゃあ、ミッキーさん、私が探してきていいかな？」

「どうぞ」

しめた！

ふだん、職員に自室に入られるのを嫌がる*ミッキーさんが、このときは素直にカギをポケットから出してくれた。

その場を松岡さんと鮎川君にまかせて、私はミッキーさんの部屋に向かった。

刃渡り20センチほどの包丁だと鮎川君は言っていた。６畳の広さの部屋には見事といっていいくらい何もない。自室にひとりでいることのできないミッキーさんは、寝るとき以外はたいていリビング、時には廊下にいるからだ。

窓側に頭を向けたベッドがあり、対角線の角に３段重ねの引き出しケースが置かれているだけの部屋の真ん中に立って考えた。

ミッキーさんならどこに隠すかな？　たぶん面倒なことはできない人だから、複雑な隠し方はしないだろう。

ベッドメイクがされて、シーツはきちんと伸ばされている。頭の位置に枕がきちんと置かれており、足元には掛け布団が３段に折られて重なっている。職員が

自室に入られるのを嫌がる
利用者も自室に入られるのを嫌がる人、まったく平気な人とさまざまだ。ミッキーさんの場合、状態が悪いときほど、職員が部屋に入ることを嫌がる。また身体に触れられることも極度に嫌がり、肩に手を添えようとするとさっと身をひるがえして避けようとする。

したのかもしれないが、ミッキーさんもベッドメイク*は自分でやれる。後述する医療少年院暮らしで身についた習慣かもしれない。

まずは小物を入れるにはちょうどいい、3段重ねの引き出しケースを覗いてみる。3段とも全部開けて見たが包丁は見当たらない。

本人は隠したつもりだろうから、引き出しケースは選ばないかもな。本人が隠した気分になれて、すぐ取り出しやすい場所といえばどこだろう？　探偵にでもなった気分で推理してみる。

いつもベッドはきちんとしているほうだが、今日のベッドはとくにきちんとしている気がする。枕が1センチのゆがみもなく、真ん中の頭の位置に几帳面に置かれている。まさかな、と枕を持ち上げてみる。

あった！

枕のちょうど真ん中、真っすぐ横に向けて、丁寧に置かれていた。私はそれをベルトの後ろにさしてシャツで隠しリビングに戻った。

「あったよ」と伝えるとミッキーさんは驚いて、「どうしてわかったの？」とびっくりしながら笑っている。本人としては考えて隠したつもりだったのにそん

ベッドメイク
ベッドメイクは基本的に本人におまかせである。休日などに職員が敷布や掛け布団を干してあげることはある。とくにヒガシさんはよだれがあるので布団が汚れやすく、放っておくと悪臭がするので枕カバーも含めてまめに洗濯する必要があった。ヒコさんは布団が敷きっぱなしだったが、お母さんが毎週やってきて資料の山の間を縫って掃除や布団干しをしているため、意外に清潔だった。

なにすぐ見つかったことが不思議で仕方がないという表情だった。

大事に至らず一件落着だったが、こんなときは「ドキドキレポート」*を書くことになっていると聞いて、翌朝、1時間残業して私が書いた。


こうした出来事は常勤・非常勤を問わず職員全員に共有されるのだが、利用者の動向に無頓着な職員もいる。テスト勤務初日に私が〝洗礼〟を浴びた非常勤職員の下田しげ子さんがそのひとりだ。

包丁研ぎ器が2階にあり、1階の包丁をときどき2階に持っていくことがある。そんなとき、下田さんは包丁を2、3本両手にブラブラぶら下げて歩いていく。ミッキーさんの目玉はその間、ずっとその刃先を追っている。

たまりかねて声をかけた。

「下田さん、すみませんが、包丁を運ぶときはミッキーさんの目につかないようにしてもらえませんか」

「はあ？　でもこれ、調理道具ですからねえ」

薄い唇を曲げて薄笑いの表情をするだけで、新参者の言うことに応じてくれる

ドキドキレポート
重大な事案が起こった場合には、通常の日報とは別の報告書を書くことになっていて、「ホームもとをせ」では「ドキドキレポート」と称されていた。Ａ４の専用用紙があり、これは職員間だけではなく、ホーム長、エリア長も閲覧する。

ことはなかった。長いあいだ、主婦をやっている*と包丁はどうしても調理器具にしか見えないのだろう。

下田さんを説得するのをあきらめ、包丁をぶらんぶらんされるたびに、ミッキーさんの視線を気にして、ヒヤヒヤと肝を冷やす心配性の私であった。

某月某日　とんぷく！：統合失調症の特徴

支援員は利用者の話し相手をするのも重要な仕事と言われていたが、ミッキーさんはとてもやりにくかった。話が続かないのである。

「仕事場でどんな仕事をしているの？」

「パイプ」

ひと言で終わる。

「パイプって何のパイプ？」

「うん」とあいまいにうなずく。話を展開しようとして、

主婦をやっている　下田さんは主婦として3人の子どもを育てあげたという。子どもたちもみな成人し、ご主人と二人になって時間ができたので、「ホーム」の非常勤職員として働いていた。下田さんがいい加減に仕事をしているのかといえば、そんなことはない。下田さんも献身的に一生懸命働いていたし、彼女がいなければ、つねに人手不足だったホームのシフトはまわらなくなってしまうだろう。

「水道管みたいなパイプを組み立てるのかな」と聞いても、なんとなくうなずいて終わる。話そうという意思があっても、それを言葉にして相手に伝えることができないのだ。

おまけに、あらゆることに興味や関心がない。テレビも観たいと思わないようだった。ほかの利用者が野球とニュースを観ているときだけは一緒に眺めている。「ミッキーさんはどの球団が好きなの？」と聞くと、「阪神*」とだけ答える。選手の名前も何人か知っている。しかし、勝敗にはまったく関心はない。音楽にしてもリビングに置いてある古いＣＤデッキで、誰かがＣＤをかけると聴いていて、時にＣＤに合わせて口ずさんでいるときがあるけれど、自発的に聴こうとすることはない。トランプやオセロ*などみんながやる遊びやゲームにもまったく興味を示さない。面白がるものが何もないので話題に困るのだ。

ただ、自分に関わる予定には強い関心を持っている。週１回のヘルパー外出、何かの記念で出かけるホーム長との外食、靴を買いに行く日、歯医者への通院日などは何度も何度も繰り返し聞いては安心する。でもそれはすべてホーム長の西島さんとやりとりすることなので、私たち非常勤職員との話題にはならない。

阪神
ヒコさんは「広島」が好きだった。とはいえ、ミッキーさんと同様、ヒコさんも贔屓チームの勝敗にはほとんど関心を持っていなかった。

トランプやオセロ
ミッキーさんとオセロをしたことがある。交互に白と黒のコマを置き、自分のコマで挟んだらひっくり返す、というようなルールは認識している。それでも何手か進むうちに集中が途切れるのかゲームが成立しなくなり、勝敗決着には至らなかった。

それでも気分が乗ると自分からベラベラ話し始めることがある。職員のあいだではこれを〝ミッキーさん語〟と呼んでいる。

どういうわけか語彙が豊富で「責任感がないと……」とか「思いやりは誰でもある……」など、一つひとつの文節はもっともらしいけれど、つなぎ合わせると何を言っているのかわからない*。

あとになって知ったのだが、これは統合失調症の典型的な特徴の一つなのだ。統合失調症の主な症状は、次のようなものである。

・考えがまとまらない／妄想が起きる／不安、イライラ、精神興奮

ミッキーさんに見られたのは陽性症状といわれるものであるが、統合失調症には次のような正反対の陰性症状*もある。

・抑うつ／無気力／ひきこもり／倦怠感／感情の平板化

ミッキーさんに幻聴・妄想が起きているのは、私にもすぐわかった。音を立てている換気扇をにらんで何者かと口論をするのは、幻聴・妄想のためだろうと思

何を言っているのかわからない
意味はわからないが、私を含め職員たちはみな「なるほどねえ」「そうだねえ」などとなんとなく調子を合わせている。ところが、ときおりミッキーさんが「わかる？」とか「聞いてる？」と聞き返してくることがあり、見透かされたようでドキッとした。

陰性症状
陽性症状よりも陰性症状が現れる場合は、いわゆるうつ病と間違われやすい。統合失調症とうつ病は違う病気なので治療法も違う。間違った治療を

えるし、ベッドインしてからしばらくすると、起きてきて目を血走らせ、「眠れない。幻聴が聞こえる。とんぷく！」と叫ぶ。

ミッキーさんのいう〝とんぷく（頓服）〟は、朝、昼、夕と定期で飲む薬とは別に臨時に飲む薬のことで、統合失調症の治療に用いられる抗精神病薬「リスパダール」である。夕食後には多量の薬を飲んでおり、その中にさまざまな抗精神病薬や鎮静剤が含まれているにもかかわらず、こうしてさらなる要求がある。

〝とんぷく〟を飲んだ後も廊下の突き当たりから何か聞こえると言って、しばらくにらみつけて動かなかったりする。あるいは眠れずベッドの上であぐらをかいて、窓の外から声がすると訴える。

どんなことが聞こえるのか尋ねてみると、文句や悪口など嫌なことを言ってくるのだそうだ。これも統合失調症の特徴で、中には「見張られている」とか「監視されている」と言う人もあるという。

するると悪化させることになるので、医師は生活環境を慎重に観察して、陽性症状の兆候を見逃さずに、うつ病との区別をする。統合失調症は10～20歳にかけての成長期に発症して、前兆期→急性期→回復期→安定（慢性）期という経過をたどるが、うつ病は中年期に起こりやすい。

某月某日 **医療少年院で学んだこと**：父と子の会話

ミッキーさんの父親に会ったのは、ある休日の夕刻だった。駐車場に目立つ段ボールや空き缶、ペットボトルなどのゴミを掃除していると、荒っぽい運転で真新しいプリウスが入ってきた。適当に駐車しようとするので、来客であることを確認し、来客用のスペースに案内した。

運転していたのはパリッとしたスーツ姿の50代に見える色黒の紳士だったが、ぶっきら棒な性格なのか、あるいは私を清掃員と思ったのか、クルマから降りると一瞥しただけであいさつするでもなく玄関に行ってしまった。あとで聞いたところによると、その人がミッキーさんの父親だった。

その日は久しぶりに息子に会いに来て、夕食は親子水入らずで近くの焼き肉屋で夕食の予定なのだという。父親はホームに長居せず、まだ明るいうちにミッキーさんをクルマに乗せてすぐに出かけていった。

ミッキーさんが生まれてすぐ母親はいなくなった。亡くなったわけではないそうだが、それ以上のことは教えてもらえなかったので想像するほかはない。

建設会社で働いていた父親は乳児を育てられず、ミッキーさんは県外の祖父母に預けられた。小学生になり、父親が引き取って一緒に暮らすようになった。そのころ、ミッキーさんが無断で乗ってきた（盗んできた）自転車で、家のまわりがいっぱいになったという。父親はそんな息子をよく殴りつけていたという。

中学3年生のときミッキーさんは、通っていた養護学校で大きな事件*を起こしている。先生から厳しく注意されたことに激高し、持っていた工作道具で先生に大ケガをさせてしまったのだ。それからすごした医療少年院*での歳月は、ミッキーさんの性格に大きな影響を与えているように思う。

父親に殴られてすごした小学生時代に、コミュニケーションは怒りと暴力で行なわれるという意識を植え付けられ、医療少年院生活では、この世は力による上下関係の世界に見えていたのかもしれない。

ミッキーさんに久しぶりに会いに来て、父親はどんな親子の会話をしたのだろ

大きな事件
この事件の内容について私は西島さんから聞いた。私は利用者の特性を理解したいと思っていたから、情報を持っている西島さんにあれこれと積極的に尋ねていた中で教えてもらったことだ。だから職員の中にはミッキーさんの事件について知らない人もいた。

医療少年院
心身に著しい故障が見られる12歳以上、26歳未満の者を収容する少年院。比較的通常な少年との混合による弊害を避けるために設けられている。とくに精神疾患のある未成年者を受け入れ、治療や矯正教育を行なう。

うか？　知りたくなって後日、西島さんに聞いてみた。

「会話ですか？　う～ん、たとえば、お前は農業をやれとか言っているらしいですよ。ミッキーさんの好物の焼き肉を食べさせるけれど、息子とすごすのは1時間もたないみたいです」

某月某日　いちばん偉い人は？：お父さんはなぜ来ない

何事にも興味を示さないミッキーさんが、書くことに熱中するようになった。毎日、A4判のコピー用紙を要求し、それに大きな字でいろいろな言葉を書きつける。文になっているときもあるから本人は文章を書いているつもりだろう。平仮名はほぼ書けるし、漢字が好きなので不正確ながら難しい字も書ける。

それまで何もすることがなく、ぼうっとしていたミッキーさんが集中して取り組めるので、私はコピー用紙の準備などできるだけ協力した。私はこの機会を利用して閉ざされたミッキーさんの世界を少しでも広げられないものかと考えてい

た。

ひとたびやりだすとミッキーさんの集中力は半端ではない。* 7枚、8枚と連続して書き続ける。きりがないほど続くため、西島さんが1日5枚以内とミッキーさんに約束させた。ミッキーさんは西島さんのことを、年齢はさほど変わらないのに、「お父さん」と呼ぶほど信頼していて、西島さんとの約束は比較的守るのだった。

書き散らすとA4用紙1枚があっという間に終わり、約束の5枚をすぐに超えてしまうため、私は行を揃えての書き方の見本を書き、ミッキーさんに教えた。すると、その美的感覚が気に入ったようで、真似て行を揃えて書くようになった。そして、完成したものをクリアファイルに入れる。自らの作品という意識があるのだろう、ほかの人に見せびらかしたりする。

この文字書きは、ミッキーさんにとって唯一の趣味と呼べるものになっていった。

ミッキーさんの文字書きにつき合い、何十枚、何百枚とその作品を見ていると、

集中力は半端ではない
まさに「没頭」という言葉がぴったりで脇目もふらずに書き続ける。力の加減ができないので異常に筆圧が強く、書いている途中に鉛筆の芯がボキボキと折れる。

書かれた内容から、ミッキーさんが世の中をどんなふうに見ているかわかるようになってきた。

書いたものを私に見せて、「読んで」と言う。

文章になっておらず脈絡のない言葉の羅列だけれども、ミッキーさんの心の内が垣間見える。たとえばＡ４用紙１枚に筆圧の強い大きな字で、こんなことが書いてある。

人の　人生の　一歩の　命を、
なに　するんだ、
自分　が　平気ずら　それが也人
振るまい　を　あてた　そ　れ　が　也人の
人生　を　止める。　信用　小生　消す
㊂木

文章の最後には念入りに自分の朱印*を押す。これは医療少年院暮らしで反省文

自分の朱印　利用者はみな、各種の書

などの書類を書かされたことで身についた習慣だろう。

以上はミッキーさんが心穏やかなときの内容で、表情が硬く、心中穏やかでなさそうなときは、こんなふうに変わる。

相談センター　巡査部長　裁判官、
態度　悪　不良　腐れ　はない。　試験
人　との　互い　対決
警視本部長　最高裁判官　最高裁長官
災　わい　が　おこるちらす
（三木）

書かれた内容は硬く、緊迫しているのがわかる。

さらに「死刑」「自殺」などの言葉が出てくると、非常によくない内面状態にあることがわかる。興奮して立ち上がり換気扇のボタンを「強」にして何者かと口論を始めることもある。そんなときは、話しかけて気分を変える。

類に押すための認め印を持っていて、認め印は事務室でまとめて管理されている。ミッキーさんはこの文字書きが完成すると必ず「ハンコ！」と言い、私が事務室からミッキーさんの認め印を持ってくることになっていた。

「ミッキーさん、今日の仕事はどんなことをしたんだい？」

「納品」

「品物を納品に行ったんだね。品物はクルマで運んだのかな？」

「クルマに乗った」

「納品したあとに昼ごはんを食べたのかな？」

「弁当」

「弁当か。働いたあとの弁当はおいしかったでしょう？」……。


こんなふうにやりとりしていけば、ミッキーさんも答えてくれることがわかった。聞き方、話し方次第なのだ。

さらにミッキーさんが「こころ」と書いていたら、「晴れる」という言葉を書き添えたりして、今まで彼が書いたことのない、柔らかで楽しい言葉*をひとつずつ教えるようにしていった。

医療少年院での暮らしの影響か、ミッキーさんは世の中を階層秩序で成り立っているものとして解釈している。だから、制服姿の警察官と会うと「あの人、巡

柔らかで楽しい言葉
ミッキーさんの好きなチョコパンを話題にしながら「美味しい」という言葉を書く。楽しそうな雰囲気のときには「楽しい」とか「笑う」、部屋の拭き掃除をしたら「き

査部長？」「警察で一番偉い人は誰？」と聞いてくる。テレビのニュースやドラマに出てくる桜田門の警視庁ビルに憧れを持っている。

　ミッキーさんの文字書きを横で見ながら、たまにあのミッキーさんの父親のことを考える。もし、私がミッキーさんの父親だったらどうだろう？　彼の書いたものを見て、こうして客観的に分析などしていられるだろうか。日常生活に疲れて、子どもの世話をして、わが子への複雑な感情が入り込めば、息子の書いたものを〝作品〟として評価することなどできないだろう。私たちは支援員という立場だからこそ、障害者と客観的につき合えるのだ。

　そんなミッキーさんは、父親が来ると知ると途端に落ち着かなくなる。*職員みんなに「お父さんが来る」と繰り返し言ったり、「いつ来るの？」と何度も何度も確認したりする。

　西島さんが心配して、職員会議で職員たちに注意を喚起した。

「父親が来るとなるとミッキーさんが緊張しておかしくなるので、前日になるまで教えないことにしましょう」

　私がホームに勤め始めたころは1〜2カ月に1回程度訪ねてきた父親も、その

れい」などと書く。こうした動詞や形容詞にはその文字を書くという反応を示したが、「月」や「太陽」や「夕焼け」などの名詞にはほとんど反応しなかった。

落ち着かなくなる
前述のとおり、ミッキーさんは子どものころ、お父さんに暴力を受けていた。その一方でお父さんは唯一の肉親で頼りにしている存在でもある。緊張や興奮、あるいは楽しみや恐怖などさまざまな感情がない交ぜになり、こうした状態になるのではないか。

うちに3カ月に1度、半年に1度と足が遠のき、やがて姿を見せなくなった。

ミッキーさんからある日、唐突に聞かれた。

「お父さん、まだ来ない?」

ミッキーさんにどう答えようか考えて、

「お父さんは偉くなって忙しくなったので、なかなか来られなくなったのだよ」

と説明した。

ミッキーさんは少しだけ考えるようなそぶりをして、

「社長になったの?」と聞き返した。

「そう、支社長になったんだ」

私がとっさにそう答えると、彼は満足そうに笑った。やっぱり肩書きの偉い人が好きなのだ。

某月某日　**写真立て**：やさしい彼の、さみしい涙

小柄でぽっちゃりした若者・ヒガシさんは性格がおおらかで、コミュニケーションが取りにくいヒコさんの言いたいことをよく聞いてやり、二人は仲が良い。二人とも会話が遅いので波長が合うのかもしれない。

〝紙フェチ〟のヒコさんはほかの利用者の部屋に忍び込み、ティッシュペーパーを箱ごと自室へ持ち帰ったりする。職員が気づいて、取られた利用者に返し、謝るのだが、そんなときでもヒガシさんは「いいよ、いいよ」と鷹揚《おうよう》である。そして誰に対してもやさしい。

ヒガシさんは言葉が明瞭でなく、ときどきよだれがすーっと垂れる。足に変形があって歩くのに都合のいい特殊な靴をあつらえていた。手にも神経的な支障があるようで字を書くことはできない*。

彼はとにかく人懐こくて、職員に自分の職場を見にきてほしいと誘う。私も何度か誘われて、ある日、時間外にほかの職員と一緒に彼の職場を訪問した。その職場はとても大きくて、施設内で保育園、幼稚園まで運営している福祉施設*だった。

さまざまな仕事場があり、ヒガシさんは菓子製造販売だった。職場責任者があ

字を書くことはできない
ヒガシさんは書類にサインするときだけ頑張って名前を書く。ほかの人には読めないような文字だ。しかし、悪びれることなく、すべての書類をそれで通している。部屋には一冊の本もないが、プロ野球選手名鑑や月刊テレビジョンが置いてあるから字を読むことはできるようだ。

福祉施設
社会福祉法人が経営する大規模複合施設だった。非常勤職員は職務上、こ

いさつに来てくれた。

責任者の青木さんは30歳くらいの背の高い女性で、元バレーボールの選手だったという。話していると性格も堂々としていて、きっとキャプテンだったのではないかと勝手に推測した。

青木さんは、ヒガシさんが18歳でこの職場に勤め始めたころ、休日に家庭訪問をしたという。タクシー運転手の父親は仕事で夜は家に戻らず、その間、ヒガシさんは誰もいないアパートの一室で、父親が置いていく菓子パンと牛乳だけですごしていたのだという。ヒガシさんは小学校に上がる前から発達障害と診断されていて、養護学校に通っていた。

「その状況を見て、これではいけないと思って、私から役所にかけ合って相談員に動いてもらい、『ホームももとせ』に入ることを勧めたのです」

ヒガシさんのお母さんは、ヒガシさんが小学4年生のころ、亡くなっている。それ以降、父親がひとりで育てていたのだが、仕事が忙しく、世話をしきれなかったようだ。

「ところで菓子製造で、彼は何をしているのですか?」


うした職場に接することは少ないのだが、ヒガシさんの誘いのおかげでつぶさに見学できた。大きな建物で中にパン工場やさまざまな作業場があり、別棟に保育園と幼稚園が併設されていた。さらに喫茶店まで設営されていて、店のスタッフは責任者以外全員障害者だった。ここで注文したアイスコーヒーとパンのセットがとびきり美味しかったことが記憶に残っている。

私はヒガシさんがどんな仕事をしているのかが気になって、青木さんに尋ねた。

「東田君は営業です」

「え？　営業ですか」

私はびっくりした。ヒガシさんが営業？　そんなことが、と思ったが、青木さんは私が驚いているのを察して補足した。

「東田君は細かい手作業が苦手ですが、人と会話ができるし、人間関係を作ることができるのですよ。よだれはマスクを二重にして、つねに取り換えれば大丈夫です」

「どんなところに営業するのですか？」

「学校、病院、バザールなど公共施設が多いですね。今は職員にくっついて営業をしていますが、計算もできるから、そのうち一人でもできるようになりますよ」

青木さんが穏やかな口調で話すのを聞いているとそんな気がしてくる。

「ホームももとせ」のヒガシさんの部屋はベッドとテレビしかなく、ガランとしているので、ベッドサイドに置かれた写真立てがひと際目立つ。写真立てには母親の写真が入れられている。この写真をヒガシさんはことのほか大切にしている。

写真の中のお母さんはふくよかで、穏やかな顔でほほ笑んでいる。雑談のとき、ヒガシさんはよくお母さんのことを話す。

「お母さんがね、ごはんは腹八分*がいいって言ってたんだ。お母さんのごはんがおいしくて3回おかわりしたら、太るからもうやめさないねって言われたんだよ」

そんな話を聞いていると、本当にお母さんが好きだったんだなと思う。

ある日、夜10時ごろ、館内の見まわりをしていると、真っ暗なリビングルームの冷蔵庫の前でヒガシさんが一人で座っていた。

「どうしたの?」気になって声をかけた。

「うん……麦茶飲みに来て……ちょっとお母さんのことを思い出してた……」

そう言って顔を伏せたまま目じりを指で拭った。

よだれが常時垂れるので言葉は明瞭でなく、足は変形があって不自由であり、手は繊細な動きができず字が書けない。こうした障害を負いながら、明るく素直

ごはんは腹八分
ヒガシさんは身体に似合わず大食漢で、ホームでもよく食べていた。太り気味でもあり、職員たちも食べすぎには注意を払っていた。彼がおかわりを求めたとき、「お母さんに腹八分って言われたんでしょ」と言うと、「あっ、そうだった」とすぐに納得してくれるのだった。

誰に対してもやさしい
ヒガシさんのお父さんはタクシー運転手だったが、身体を壊して退職し、生活保護を受けながらアパートの一室でひとり暮らしをしていた。ヒガシさんはお父さんとも仲が良く、頻繁にお父さんのアパートを訪れて、泊まっていた。「お父さんは身体が弱くて心配だから助けてあげるんだ」とよく言っていた。

で誰に対してもやさしい*のは、このお母さんがあったからだろう。

某月某日　労働災害：「何かに噛まれたんですか？」

穏やかなときには聞き分けもよく、可愛げのあるヒコさんだが、お母さんに頼んだものを持ってきてもらえなかったとか、自分の要求が通らないことなどがあると、イライラと怒り出す。たとえば、お母さんに対して、「ばばあ、殴る、殺す」などと口走る。小柄で元気なお母さんも負けていない。大声で怒鳴り返す。するとつかみ合いのケンカになり、ヒコさんは半分くらいしかないお母さんをつき飛ばす。さらに殴ったり、蹴ったりすることもある。

幸いなことなのかわからないが、ヒコさんの動作はすべてのスピードが緩慢*なため、大事に至らない。その点が大柄で力の強いミッキーさんと違って、ヒコさんが扱いやすいところでもある。

男性職員も殴りかかられたり、蹴られたりするものの、動作が速くないので簡

スピードが緩慢
自閉症スペクトラムには、身体的な運動の協調性がうまくいかないという特徴がある。ヒコさんの場合もそれが当てはまるのではないか。

単に避けられる。私も何度も殴りかかられたことがあるが、かわすことができていた。

ある日の夕方、ヒコさんの部屋から大きな声が聞こえてきた。駆けつけると、廊下にヒコさんと仲の良いヒガシさんが心配そうに立っていた。

「(ヒコさんが)さっき逃げようとしたけど西島さんに止められた。今度はハサミを持ったけど、取り上げられた」

「なんで荒れてんのかな?」

「さあ……。帰ってきてからずっと、そう」

気のやさしいヒガシさんがそう言って首を傾げた。

ヒコさんの勤務先の「星空園」で何かあったのだろうな。ヒコさんのその折々の表情などからだいたいの想像はつく。

ヒコさんの部屋に行くと、ハサミを取り上げられたヒコさんが涙目で西島さんを蹴っていた。西島さんは冷静にハサミを後ろに隠して
「はい〜、これはダメです」

と言いながらお腹でヒコさんを押し返しながら、その興奮を鎮めようとしてい

た。

「西島さん、ハサミを片付けてきてください。選手交代しましょう」

そう言いながらヒコさんを見ると、今度は私に向かって手をグーにして突き出してくる。動きはスローモーだが、ヒコさん流のパンチ*だ。

ひょいと首を振ってかわしながら、身体を寄せてヒコさんを布団の上にゆっくり押し倒す。布団の上で押さえ込み、興奮が鎮まるのを待つつもりだった。

すると、横になったまま身体を曲げたヒコさんが私の足に噛みついた。

ふくらはぎの下のあたりに激痛が走る。

「痛い、痛い！　離せ、こら！」

食いちぎられるかのような力である。

ようやく引き離し、ハサミを片付けて戻ってきた西島さんにこの場をまかせて、事務室に駆け込んだ。

患部を見てみると、ふくらはぎの下あたりが歯型に沿って皮が破れ、中の赤い肉が露出していた。救急箱を出して消毒をし、大型のバンドエイドを２枚貼り、応急処置をして、現場に戻った。

ヒコさん流のパンチ
温厚なヒガシさんとヒコさんがつかみ合いのケンカをしているのを見て、慌てて止めに入ったことがある。体はヒコさんのほうがふた回りほど大きいのだが、ヒコさんの攻撃はスローモーな上に要を得ないので、攻め方を知っているヒガシさんのほうが優勢であった。ケンカの原因がなんだったのかは不明である。

痛みが引かず、念のため、翌日病院に行った。

「歯型がくっきりついていますね。何かに噛まれたんですか？」医師が尋ねる。

「ええ、まあ、ちょっと……」

「ヒトです」と言うのに躊躇したが、診断に支障をきたすといけないと思い、事情を詳しく説明した。

「人間でも歯には菌がついていますから、よく消毒しておかないと危険ですよ」

医師は冷静に説明し、塗り薬を処方してくれた。


病院に行ったこと*は西島さんに報告しなかった。言えば、西島さんは上司のエリア長にも報告しなければならなくなるだろう。

そうすれば本部に報告が行き、責任問題でややこしくなるだろうし、場合によってはヒコさんも責任を問われないとも限らない。私はそのまま黙っておくことにした。

今でも私のふくらはぎには、ヒコさんの歯型がうっすらと残っている。

病院に行ったこと
ホームでの仕事中のケガで病院に行ったのは8年間でこのときだけ。入って数カ月のとき、まだ慣れない料理中に包丁で指をざっくりと切って、大量出血したが、止血だけで治してしまった。ちなみに8年間で料理の腕もかなり磨かれ、今では得意料理のチャーハンを妻にふるまうまでになった。

某月某日　**秒読み**：バスに間に合わせろ

「……ピ、ピ、ピ、ポーン、午前8時10分20秒をお知らせします……ピ、ピ、ピ、ポーン、午前8時10分30秒をお知らせします……」

ホームからバス停まで２００メートルの道のりを、スマホで時報の音声を聞きながら歩いている。私と一緒に歩いているのは「ホームももとせ」の最年長利用者・竹内チエミさんである。

チエミさんは私が勤務し始めたころ、すでに40歳をすぎていた。洋ナシのようなぽっちゃりした体型で、一つひとつの動作がのろく、話し出すと同じことを何度も言って話が止まらない。ホームの仲間とはうまくいかず、もっぱら話し相手は職員である。

これまで問題を起こしては職場が変わっている。今、通っている障害者作業所は、経営者夫婦の人柄がいいのか、仕事が合っているのかわからないけれど長続きしている。

しかし、チエミさんは遅刻が多いので、ホームの職員はみんな心配していた。

平日の朝、職員3人で利用者10人を全員無事に送り出すまで、その忙しさは戦場だ＊。とてもチエミさんにバス停まで付き添える職員はいない。

だから、2階担当の女性職員たちは、起きる時刻、食事、朝の準備など、分刻みの行動予定を作り、間に合う時刻に送り出す。それでも彼女は玄関先でもたもたしていて遅刻する。

「行ってきます」のあいさつが長かったり、マフラーをもう一回巻き直したり、一つひとつの行動に時間がかかる。そのとき職員が「今日は雨かも……」などひと言でも声をかけると、玄関で「傘は持っているけど……靴が濡れてしまったら……」などのおしゃべりが始まってしまう。これはいくら注意されても直らない。

今日もチエミさんはバスに十分間に合う時間に1階に下りてきた。私は時計を見ながら余計な言葉を言わず、「お、今なら間に合う。行ってらっしゃい！」と送り出す。彼女は出て行く。玄関からバス停までわずか200メートル。とぼとぼと歩いていく。しかし、すぐ立ち止まる。少し歩いては、また立ち止まる。

忙しさは戦場
利用者の起床は6〜7時で、洗顔・歯磨き・身支度をしてもらい、7時半ごろから朝食をとり、8時半ごろまでに出かけていく。夕食と違い、朝の食器洗いは職員が担当する。なかなか起きてこない人、身支度に時間がかかる人などがいて、この時間、職員は手一杯になる。

通りの向こうからバスがやってくるのが見えた。見ていた女性職員が慌てて急がせる。

「ほら、そんなことしている場合じゃないでしょ！　チエミさん、走って！」

バスはホームの前を通りすぎて前方にあるバス停に止まる。行列のお客が乗り込むまでにあののろい足で間に合うかどうか……。われわれがハラハラしながら見守っていると、西島さんがヤケクソ半分の声で、

「バス、行っちゃえー！」

と叫んだ。バス停の15メートルほど前でぐずぐずするチエミさんを残して、バスは走り去った。今日もまた遅刻が確定だ。

西島さんは私と目が合うと、

「もう、笑うしかないよねえ」

そう言って声を出して笑った。

ホームでは月１回、非常勤も全員出席する職員会議*がある。常識に当てはまらない利用者たちの言動を職員が共有するために役に立つ。知りたいことや言いた

職員会議
利用者の行動報告、研修のお知らせ、本部からの通達、レクリエーションや連休の日程などテーマは山ほどあり、いつも予定時間を大きくオーバーした。原則的には全員参加することになっていたが、いつも２〜３名の欠席があった。

いことがたくさんある私にとって、職員会議は貴重な機会であるうえ、時給1050円もつくとあって大好きだった。

職員会議で、竹内チエミさんについて報告があった。

「とうとう作業所の社長に『これ以上、遅刻をするようなら、もう来なくてもいいです』と言われてしまいました」

ホーム長の西島さんが社長に面会を申し入れて、相談しに行くことになった。じつはチエミさんがどうしてバスに乗り遅れるのか、私はある見当をつけていた。

チエミさんは時計が読める。時刻もわかるので時間の感覚はあるとまわりの人は思っている。たしかに午前9時に出社、12時に昼食、午後4時に退社など大きな時間に沿っての日常生活には支障がない。

けれど何分何秒という細かい時間の感覚はどうなのだろう?

私がそんな疑問を持ったのは、研修*で人間の記憶力についての講義を聴いたからだ。

「一口に記憶力といっても、脳の働き方からいえば3種類に分けられます。短期、

研修
この仕事は研修が多い。ほとんどの研修は受講料が必要だが、ホームを運

中期、長期記憶です。長期記憶は何年間も覚えている記憶で、人の顔や歌、昔の思い出などがそうです。短期記憶とは、たとえば電話番号とか、４８６２９など5桁以上の乱数を記憶するような場合で、いったん覚えても30秒くらいで忘れてしまいます。これは脳の働き方が違うからで、別々の能力といってもいいものです」

講師の精神科医が知的障害の説明をする中で、例に引いた話だった。

この話とチエミさんの時間感覚が重なった。脳の働きの違いによって長期記憶、短期記憶があるなら、時間にも大きな時間感覚、小さな時間感覚があるのではないかと思った。

つまり、チエミさんは1時間、２時間という大きな時間の感覚は私たちと同じである。しかし、何十秒、１分という小さな時間の流れは、私たちと違うのではないだろうか？　この仮説を前提にしてあることを試してみたくなった。

しかし、職員会議でこんな仮説をしゃべっても誰も理解してくれる人はいないだろう。「検討しましょう」などと言われたまま、提案はスルーされてしまうはずだ。

営する法人が払ってくれるし、交通費も出る。研修の時間は時間給が支給される。人間の知能と情動の不思議さに魅了される研修が私は好きだった。しかし講義内容は専門性のある話になることもあり、聴講する非常勤職員たちは退屈そうだった。

そこで私の担当日、話のわかる*遊軍職員のアンパンマン小林君に相談し、了解を得たうえで試しにやってみることにした。それが117の時報を聞きながらバス停までチエミさんと一緒に歩くことだった。

「ピ、ピ、ピ、ポーン……午前8時10分50秒をお知らせします……ピ、ピ、ピ、ポーン……」

10秒刻みで知らせてくれる117のお姉さんの声を私の携帯電話でチエミさんと一緒に聞きながらバス停をめざす。こうすることで、小さな時間感覚を体感として知ってもらおうと思ったのだ。

「ハイ、到着です。何秒かかったかな?」

「2分20秒だよ」

2週間これを続けたら、チエミさんがすんなりとバス停にたどり着けるようになった。朝のバス停までの同行は、これでお役御免にしてもらった。

付き添いをやめたあともチエミさんは遅刻せずにバスに乗れるようになった。やがて2階の女子フロアの責任者・下条さんから「竹内さんが頑張って、最近、全然遅刻しないのよ」という話を聞いた。

話のわかる
年は親子以上に離れていたが、小林君とは何かと気が合った。彼は細かいことにこだわらない性格で、このときも「それ、面白そうですね」と積極的に協力してくれた。

やった！　内心、飛び上がるほど嬉しかった。

私はこの方法論がほかの利用者にも応用できるのではないかと考えた。

「障害者の心の働きを想像してあれこれ試してみること。うまくいかなかったらまた違う方法を試してみること」と研修で教えられた。たまたまそれがうまくいった。

月例の職員会議で、私はこのケースを報告した。得難い療育例として、何かに役立ててもらえるかもしれないと思ったからだ。

「なるほど、そうですね」

西島さんが腕組みしたまま、そう言った。反応はそれだけで、話題はすぐに次のテーマに移ってしまった。

利用者たちには次から次へと問題が起きる。職員たちはいつも目の前の問題に気を取られて、解決したことや済んだことは忘れ去られていく。

某月某日　**精神科病院へ**：エリア長、苦渋の決断

ミッキーさんの精神科病院入りが決定された。

このところミッキーさんは不穏な行動を続けていた。ホームに帰ってからも落ち着かないことが多く、職員に掴みかかったり、大声で威嚇したりした。

そして、ある日の未明、自分の部屋のＣＤプレーヤー、ＣＤラックから、ノートやヨーヨー、トランプなどの小物までをホームと隣家の生け垣とのあいだの側溝に次々と投げ捨てた。背丈ほどもある組み立て棚もそのまま投げ、自分の部屋のものだけでは飽き足らなかったのか、キッチンにあったトースターや炊飯器まで捨てられた。

全部投げ捨てたあと、ミッキーさんは側溝のブロックの上に立って、架空の誰かに向かって大声で演説をしていたという。隣人からも苦情*が入り、ホーム内でも大きな問題となった。

＊隣人からも苦情
隣家は70代の夫婦に30代

それまでも問題行動を繰り返してきたミッキーさんにとって、これが決定的な出来事となった。小川エリア長が精神科病院への入院を決断したのだ。

小川宗治エリア長はこの地域の施設4カ所を統括している責任者*だ。30代後半だと聞いていたが、体格がよくて貫禄があるので10歳は年上に見えた。朗らかでよく笑い、細かいことにも気がまわる。エリア長とはいえ、「ホームもともとせ」にも毎週1回は泊まり込み、気さくに皿洗いまでやって実情把握に努めている。

職員会議で、小川エリア長が淡々とそのことを説明した。

「ミッキーさんには精神科病院に入院してもらうことになりました。期間は半年の予定です。ただ、確実に半年で退院ができるかどうかはわかりません。本人の回復次第ということになります」

その場で初めて知らされた私には、ついにその日が来てしまったかという落胆があった。こうなる前に自分になんとかできることはなかっただろうかとももやもやと考え続けていた。

私には気になることがあった。職員会議が終わったあと、西島さんに話しかけた。

の息子さんの3人家族で、とくにご夫婦はホームに理解のある人たちだった。あるとき、ヒコさんが庭に入り込んで、縁側に座るご主人の膝にすがりついて涙を流していた。ご主人は振り払うこともなくそのまま見守ってくれ、奥さんがホームに知らせに来てくれたこともある。ただこの〝不法投棄事件〟のときばかりはやんわりとしたクレームが入った。

施設4カ所を統括している責任者
小川エリア長は大所高所から物事をよく見ていて、私はこの人ならどんな組織に行っても出世しただろうと思っていた。シフトに欠員が出たり、人手が足りなくなったりしたときには彼が現場に出てフォローしていた。

「ミッキーさんには、どう説明して、どうやって精神科病院に連れて行くのでしょうか？」

大柄で力の強いミッキーさんを無理やりに連れ出すことなどできないだろう。

「そうですねえ……」西島さんは腕組みをしたまま、そう言って押し黙った。

小川エリア長と西島さんが相談して、ある計画を立てた。ミッキーさんには毎月1回、クリニックでの診察日がある。小川エリア長からミッキーさんに「診察日の予定が変わった」と伝えて、西島さんと一緒にタクシーに乗せたのだという。ミッキーさんの入院当日、私は勤務日ではなく、このことは後日、西島さんから教えてもらった。

小川エリア長と西島さんはタクシーの車内でミッキーさんに「病院で治療する」ことを説明した。ミッキーさんは何も言わずに聞いていたらしい。精神科病院に着いても彼は騒いだり、抵抗したりしなかったという。

扱いにくいミッキーさん*がいなくなったことにホーム内には安堵の雰囲気も生まれていた。だが、私は、主のいなくなったミッキーさんの部屋に、なんともいえぬ寂しさを感じ、同時に無力感を覚えていた。

扱いにくいミッキーさん
彼が扱いにくかったのは一番には体格がよいうえ、暴力をふるうことだった。1階担当の男性職員たちはみんなミッキーさんに殴られたことがある。女性職員と接すること自体が少なかったということもあるが、彼は女性職員に手を出したことはない。ミッキーさんは幼いころから母親がおらず、物心ついてからも女性と接したことがない。だから女性を意識するとどう反応していいのかわからなかったのではないかと私は推測していた。

第3章 男親は逃げる、女親は…

某月某日

けじめの×××：腰痛でも追いかける

ヒコさんは頻繁に無断外出をする。ホームを飛び出して近くの薬局に入り込んで床に寝そべってしまい、薬局の人から電話がかかってくる。近所の小さな工具専門店に入り込み、ノコギリやスパナなどを持ち出そうとする。バスで25分もかかる駅まで歩き、ショッピングモールの試食を食べ歩き、そこから自宅に向かって延々と歩く途中、疲れて道に倒れパトカーに保護される……。

ある休みの日、私は持病の腰痛*を発症してしまった。2年に1回くらいの間隔で忘れたころに起きる。その日一日しっかり寝ていたら歩けるようになり、ゆっくり動作すれば、なんとか炊事・掃除はできると思い、出勤した。

こんな状態だから、今日は突発事件が起こりませんように……と祈っていたが、日ごろ信心もないからまったく効果はなく、ことは起こった。

「ヒコさんが外に出ているよ」

持病の腰痛
40歳のとき、小学6年生の息子を遊びで抱え上げた瞬間に腰に激痛が走り、数日起き上がれなくなった。それが私の腰痛人生の始まりだった。以来、腰痛持ちとなり、あちこちの病院に行ったり、自分なりの体操などで保

存療法につとめたものの、今もこうして突発的に腰痛が出るようになった。


教えてくれたのは、この日もヒガシさんこと東田壮太さんだ。この日の遊軍職員の吉川春江さんに断ってから、玄関に向かった。

「吉川さん、すいません。ちょっと追いかけてきます」

「腰、大丈夫？　無理しないほうがいいわよ」

夕食の支度に取りかかっていて手が離せない吉川さんは、気づかわしげに声をかけてくれる。吉川さんは明るくあっさりした性格の50代の主婦で、今日の相棒が彼女で良かった。よく相棒になるもう一人のクセの強い主婦・松岡さんだったら、金切り声で騒ぎ立てられるだろう。

「大丈夫です。走りませんから。あと、よろしくお願いします」

ヒコさんが行った方向なら公園だろう。ホームから歩いて5分くらいのところに団地があって、その隣に小さな公園がある。以前、逃げたときに、そこでうろついていたことがあった。

でもこんなにゆっくり行ったんじゃ、公園は飽きてもう遠いところへ行ってしまったかもしれない。公園にいなかったら、ホームに戻って西島さんに電話して、恥ずかしながら腰痛のことも含めて、報告するしかないと決めた。

そろりそろり歩いて、公園に着いてみると……あっ、いた！

子ども用のブランコ*に角刈りのいい大人が乗って、ひとりで漕いでいる。目ざとく私を見るとすぐにブランコを降りて、公園の反対側に駆けだした。

私も仕方なく、ゆっくりと公園を横切り、通りに出る。ヒコさんはすでに100メートル先で、こっちを振り返りながら歩いていた。よたよたと腰を気にしながら追いかける。次第に距離が縮まると、また駆けだして通りの先の角を左に曲がって姿が見えなくなった。

トタン塀のその角地は鉄工所の資材置き場で、そこを曲がると神社がある。そこで姿が見えなかったらあきらめよう、と思いながら塀の角を曲がると、突き当たりの赤い鳥居の下にヒコさんがいた。私を待っているかのように立っていた。

「ヒコさ～ん、お風呂に入ってごはん食べよう～！　今夜はヒコさんの大好きな唐揚げだよ～」

遠くから声をかけてみたが、ヒコさんはまたもや背中を見せて石段を駆けのぼって逃げていく。石段の上には本殿がある。鳥居の下に着いて上を見ると、ヒコさんは60段くらい先で立ち止まり、こっちの様子をうかがっている。一気に距

子ども用のブランコ
ヒコさんはブランコが好きで、一緒に公園に行くと真っ先にブランコに向かい、それに腰かけてゆらゆら揺れている。公園の遊具でも彼が関心を示すのはブランコだけで、ジャングルジムやすべり台、鉄棒などには見向きもしなかった。

離を詰めてこない私を不思議そうに見ているのだ。

ヒコさん、私は腰が悪いんだ。だから、もう帰りたいのだよ。しかし見失ってはいないから帰るわけにはいかないのだよ。……といっても、わっかんないだろうなあ。

根が生真面目な性分の私は、見失わない限りどこまでもついて行くしかないような気がしていた。腰に力が入らなくたって、日ごろ鍛えている大腿四頭筋の力でなんとか石段をのぼれる。頂上までのぼり切ると、向こう側にくだりの石段が続いていた。

小山の向こう側は初めて見たが、住宅やアパートに工務店や小さな修理工場が混在した変わり映えのしない風景だった。石段をくだり、通りに出るとすぐの民家のブロック塀の前で、ヒコさんは逃げるのをやめた。

どうして気が変わったのかわからない。捕まえる気があるのかないのかわからない追いかけ方に調子が狂ったのかもしれない。あるいは、ただお腹が空いて夕食を食べたくなっただけかもしれない。

ヒコさんに追いつき、手を握った。

こうした場合、どういうふうにけじめをつけたらいいのかと思った。研修では、自閉症の人を言葉で言い聞かすのは効果がないと聞いていたので、わかりやすい方法で締めくくりにしようと考えた。二人で向かい合い、顔を近づけた。

「一人で外に出てはいけません。知ってるよね」

ヒコさんがうなずく。

「ヒコさんは勝手に外出したから×《バツ》、松本さんはヒコさんを外に行かせたから×、二人とも×だから、二人で罰を受けましょう」

そう言って、互いの額を目から火が出ない程度にゴチンとぶっつけた。ヒコさんは一瞬、泣き笑いのような表情を浮かべた。

「僕も同じくらい痛かったよ」

私がそう言うと、ヒコさんは笑顔になって先導して帰りの石段を上がり始めた。どういうわけか、帰り道はずっとご機嫌で、歩みの遅い私に腕を組んできて階段を下りるのを助けてくれた。

某月某日　**虐待疑惑**：感情で叱ったことはありません

研修では、手を変え品を変えて「虐待はいけません」と教えられた。暴行や暴言はもとより、「部屋のドアをノックせずに開けてはいけない」とか、「○○君」や「△△ちゃん」と呼ぶのもダメで、すべての利用者を「さん」づけで呼ぶよう指導された。

利用者たちは私にとってみな子や孫のような年代である。親しみを込めようと思うと「君」や「ちゃん」で呼ぶほうが自然だ。それを「さん」で呼ぶのはむしろ不自然で、慣れるのに時間がかかった。「ヒコさん」はニックネームだがこれはいいのか？という議論もホームであった。「さんづけで呼んでいるから、いいんじゃない」で私たちは通していた。

職員がバカ丁寧な言葉で利用者に接する短編ドラマを＊、研修では繰り返し見せられた。それでも、虐待のニュースは絶えることがない。こうしたことは本当に

短編ドラマ
免許更新時に見せられる安全講習ビデオをイメージしてもらえばわかりやすいと思う。利用者の部屋に入る際の事例として、「良い例」「悪い例」として実演されるのだが、極端でわざとらしいため、どうにも鼻白んでしまうのだ。

効果があるものなのだろうか。

私の腰痛が癒えて半月ほどしたころ、月例の職員会議があった。平日に行なわれ、その日シフトに入っていない人もなるべく出席することになっている。

この定例会議には、同一法人傘下の施設4カ所を見ている小川宗治エリア長も必ず参加する。

会議は朝10時に始まり、本部からの通達や、ホームの行事連絡などが続いたあと、昼食を挟んで利用者一人ひとりについての報告に移った。

2階女子フロアの責任者・下条美由紀さんと1階男子フロアの責任者・西島耕平さんが、それぞれ用意したレポート*をみんなに配り、利用者一人ひとりの様子を報告する。あっさりと終わる利用者もあれば、問題が起きて長くなる利用者もある。

小川エリア長は利用者一人ひとりについて、どんな対応をしたのか質問しながらアドバイスをする。時にユーモアを交じえ、会議は和気あいあいとしていた。

こうして午後の会議は瞬く間に終了時刻を迎えた。夕刻になると利用者たちが帰ってくるのでその前に終わらなくてはいけない。議長の小川エリア長の終了宣

それぞれ用意したレポート
利用者10人の直近1カ月間の言動を、1階の西島さん、2階の下条さんが記録したもの。これをもとに利用者一人ひとりの問題点や課題を話し合う。私にとってはふだんうかがい知れない2階フロアの利用者の状況を知る、

告とともに職員がいっせいに立ち上がり、1階の狭い事務室のタイムレコーダーの前は大混雑になる。西島さんから声をかけられた。

「ちょっとすみません。先週の避難訓練に参加されなかったから、その伝達があるのですが、少し時間ありますか？」

「はい、大丈夫です」

「この混雑ですから2階に行きましょう」

階段を上がると、まだ利用者も帰ってきていないのでリビングはがらーんとしていた。そこに小川エリア長がひとり座って待っていた。

避難訓練の伝達になぜ小川エリア長が同席?と疑問に思った。

「どうぞ、ここへ」と言われて向かい側に座ったが、小川エリア長も西島さんもいつもと違って表情が硬い。日差しのよく入る2階のリビングなのに陽が陰ったような気がした。西島さんから避難訓練の資料を渡され、その説明はすぐに終わった。

するとそのタイミングを待っていたかのように、それまで黙っていた小川エリア長が口を開いた。

貴重な機会であった。非常勤職員の情報共有にも役立ったが、常勤おふたりの労力はたいへんなものだったと思う。

「聞こえてきた話があって、ちょっと確認したいのですがね」

「はい、なんでしょう」

「ヒコさん、いや迫田さんにね、松本さんが頭突きをしたという話が耳に入ってきましてね」

そこまで言って、緊迫した表情でこちらの顔を見ている。あの日のことを誰かが知ったのだ。マズイことになるのではないかと心配になった。

だが、どうすることもできない。あの日、腰痛で走れなかったこと、ヒコさんが私を待ちながら逃げていたこと、神社を越えたところで逃げるのをやめたこと、頭をゴッチンコしたあと一緒に帰ったことをすべて正直に話した。そして最後にこう言った。

「互いのおでこをゴチンと当てました。ただ私はこれまで感情で利用者を叱ったことは一度たりともありません」

感情で利用者を怒らない。これはこの仕事に就くときから自らに言い聞かせていたことだし、実践している自負もあった。

聞き終わると、小川エリア長の雰囲気は一変して、いつもの磊落《らいらく》な調子に戻っていた。

「そういうことでしたか！　何も心配することはなかったんだね」

西島さんに向かってそう言うと、笑顔を見せて立ち上がり、どかどかと大きな身体をゆすらせて階段を下りていった。それ以降、小川エリア長も西島さんも、その件について私に注意したり指示したりすることはなかった。

時間給の非常勤職員として働こうと思ったときから、私は施設内の人間関係*を心配していた。新入りとして入れば、多少のパワハラなどもあるだろうと覚悟していたのだ。だから、万一、腹に据えかねることがあったら、言いたいことを言って、またほかを探せばいいと考えていた。そう思わないと行動に移せなかったこともある。

その予想はまったくよい方向に外れた。「ホームももとせ」にはパワハラも、常勤職員による非常勤職員への差別的言動もなかった。

最初、私はホーム長である西島さんの人柄のおかげだと思っていた。たしかに西島さんの人柄はとびきりだった。だが、それだけではなかった。

施設内の人間関係　常勤職員からのパワハラがないとはいえ、非常勤職員の中では当然ながらさまざま軋轢《あつれき》があった。私より１年先輩の松岡圭子さんは、料理のイロハを教えてくれた恩人だが、自分流のこだわりがあり、「箸の置き方が違います！」「ランチョンマットの絵柄の方向が合っていません！」などキンキン声で注意する。「はい、はい」と言って、「はい、を２度言うのは失礼です！」と怒られたこともある。最初の数カ月は新人の私がいじめのターゲットにされたのかと思っていたが、だんだんとほかの職員さんにも同じ対応をしているとわかり、それほど気にならなくなった。

リビングの壁には「困ったときに相談できる人」として、小川エリア長ともう一人の電話番号を書いた紙が常時貼られている。もう一人はソーシャルワーカーや弁護士で、顔写真付きである。小川エリア長の発案だったという。彼は利用者にも職員にも気を配っていた。

誰がどうやって施設を管理・運営するかで、利用者のすごしやすさだけではなく、職員の働きやすさも大いに変わる。「ホームももとせ」で私はそのことを痛感したのだった。

某月某日　クイズブーム：「障害」ってなんだ？

夕食後はリビングでテレビを観てすごす*利用者が多い。ヒコさん以外は、それぞれ部屋にテレビを持っているのだが、ガヤガヤしながら一緒に観たほうが楽しいからだ。この時間は職員にも多少の余裕がある。

午後9時にはみな部屋に入るという決まりなので、それまでの時間がテレビタ

テレビを観てすごす　「Qさま!!」「くりぃむクイズ ミラクル9」（テレビ朝日系列）や「ネプリーグ」（フジテレビ系列）といったバラエ

イムとなる。クイズ、バラエティー、プロ野球など、好きな番組は共通しているのでチャンネル争いはあまり起こらない。

あるとき、野球中継を観ているると、ヒガシさんがクイズをやりだした。

「中田が大きなフライを打った。打球はドームの天井に当たって落ちてきたのを野手がキャッチした。これは次のうちどれになるでしょうか？　答えは三択だよう。

１、打ち直す。２、二塁打。３、アウト。さあ、どれでしょう？」

みんなが乗ってくる。

人と会話のできないヒコさんは会話には入らないが、野球が好きで選手の背番号まで覚えているものだから答えがわからなくてもニタニタ笑って眺めている。

ヒコさんなりに参加しているのだ。

「面白いのやってますね」

この日の遊軍・小林君も入ってきた。

「なんかで見たことあるなあ。打ち直しではないと思うんだけど……」

ヒガシさんは考え込むみんなの顔を眺めながら、「さあ、どれかな？」*と得意

ティー系のクイズ番組が人気だった。

どれかな？
打球が、フェアゾーンの天井に当たった場合は、落下した地点か、野手が触れた地点でフェアかファウルかが判定される。地上に落ちる前に野手がキャッチしているので、３のアウトが正解。ヒガシさんが自信満々に説明してくれた。

げである。

お題の範囲が広がり、タレント、食べ物、有名人、政治家についてのクイズが飛び出した。

この日をきっかけに「ホームももとせ」にクイズブームが到来したのだった。

ある日、ヒガシさんチームとヒコさんチームに分かれて勝負することになった。それぞれに職員が応援についてもいいことになり、私は劣勢のヒコさんチームの応援にまわった。

「日本の首相の名前をどれだけ多く言えるかでやろう」ヒガシさんが言う。

「ノルネームまで言うの？」私が尋ねる。

「そう、全部ね」ヒガシさんが言い切る。

「みんなに難しくない？」小林君が問う。

「そっちは松本さんがいるからいいでしょ」ヒガシさんが言った。

ヒガシさんに〝強敵〟と見なされているようで悪い気はしない。私も負けてなるものかを真剣になってきた。

「宇野宗佑」ヒガシさん、なかなか渋いところをついてくる。

「小泉純一郎」ヒコさんチームを代表して私が答える。

「安倍晋三」ヒガシさんチームの小林君が言う。

「三木武夫」私が返す。

「菅直人」……。

　そのうちに、私とヒガシさんとの一騎打ちになってきた。ほかの人たちはみな応援団と化し、「おお！」とか「あっ、いた」とか言いながら熱心に見守っている。

　ラリーが十数回続くと、私はあっぷあっぷだ。

「……まいりました」

　私がそう言うと、応援団からワーッと歓声があがる。

負けた人は勝った人に頭を下げてお茶を注ぐことになっている＊。私はお茶をヒガシさんの湯飲みに注ぎながら聞いてみた。

「ヒガシさん、いったいどのくらい覚えてるの？」

「全部」

頭を下げてお茶を注ぐ
ホームでは職員が身銭で買ったお菓子を利用者にあげることも、逆に利用者からものをもらうことも固く禁じられていた。利用者から「ガムをあげる」と言われても、「ありがとう。気持ちだけもらっておくね」と答える。だから遊びの賭け事をしたときにも、頭を下げてお茶を注ぎ、相手に敬意を表すだけにしたのである。

「じゃあ、吉田茂から今までの首相を全部言える?」

「言えるよ。吉田茂、片山哲《てつ》、芦田均《ひとし》、吉田茂、鳩山一郎、石橋湛山《たんざん》、岸信介《のぶすけ》、池田勇人《はやと》、佐藤栄作……」

そして本当に最後まですべてフルネームで言ってみせてくれた。

いったいヒガシさんの障害とはなんだろう。彼がこれでどうして知的障害なんだろうと思う。「障害」という言葉の不可思議さを思わずにはいられない夜だった。

某月某日 氷山の一角:非常ベルが鳴る夜に

「ホームももとせ」がスタートして1年半後に私が入った。私が入ったばかりの時期は利用者たちが不安定*でホームも荒れていた。

「何かあったら夜中でも電話ください」と西島さんから言われていた。非常勤職員の手にあまるような事態なら、すぐ駆けつけるというニュアンスだ。だが、私

利用者たちが不安定 自室のドアを蹴って穴をあけてしまったり、ものを乱暴に扱って壊したり、

のときに駆けつけてもらったことは一度もない。

常勤職員には権限がある。利用者に対して「そんなことをしていると、ここにはいられなくなりますよ」と言って叱ることができる。そして、その権限を利用者たちは本能的に理解している。

そのことはヒコさんに聞いてみるとよくわかる。

「ホームで一番偉い人は誰ですか？」

「西島さん」

「じゃあ、２番目は？」

「下条さん」

下条美由紀さんは常勤職員で２階フロアの責任者*である。柔らかい口調ではあるが、利用者に一番厳しいことを言っている人だ。さらに聞くと３番も４番も答えてくれる。

非常勤職員の私の序列はといえば、下から数えたほうが早かった。ホームのヒエラルキー図は、利用者の頭の中にできあがっているのだ。

そんなわけだから、何かあったら常勤職員に丸投げすればいいとも思うのだが、

利用者同士でケンカになったり、近所の家に勝手に入り込んだり…ということがよくあった。

２階フロアの責任者
２階女子フロアでは利用者間の人間関係がたいへんだったようだ。「あの子はムカつく」「あの人から嫌がらせをされた」といった不平不満の相談はすべて責任者の下条さんのところに向かう。下条さんは「男性陣はあっさりしていて楽ですよね」と言っていた。たしかに１階フロアにおける利用者同士の人間関係は良好だった。

性分なのか、すべて自分で対応したいと思ってしまうのだ。

最初は、荒れたり奇行をする利用者に腹を立てたりしていたが、1年以上つき合っていると、彼ら彼女らは本当は困っているのではないか、という気がしてきた。まわりが迷惑するようなことをするのには、何か理由があるはずだと考えるようになった。

研修で受けた講義の中に〝氷山モデル〟という考え方があった。氷山が海中に沈んでいて水面上にその一部が出ているイラストを見せられて説明を受けた。

「目に見える水面上の一部が障害者の行動です。海中に沈んでいる大部分がその行動を引き起こす動機です。そこは見えないから、目に見える行動がなぜ起きるのかわからない。しかし、目に見えるところだけ見て対応していては、適切な対応はできません」

では、目に見えない部分はどうやって見るのだろうか。固唾を呑んで答えを待ったが、講義の中にその説明はなかった。

その日の泊まりは穏やかで平和な夜だった。午後9時にみなすんなり自室に入ってくれ、日報を書き終え、最後の館内見まわり*も済んだ。私はすぐに眠りに入って意識がなくなった。

ジリ！　ジリ！　ジリ！　ジリ！　ジリ！

突然の衝撃に私は目覚めた。ものすごい音量の非常ベルが全館に鳴り響いている。瞬間、夢か現《うつつ》か区別がつかなかったが、深夜の大音量は物理的な圧力があって私は押しつぶされそうになり、飛び起きた。

まず火の気がないか確認する。リビング、乾燥機のある脱衣所、それから各部屋、そして2階……。意識を上に向けると、床を踏み鳴らす音と椅子がぶつかるガタガタッという激しい音がする。

「松本さ〜ん、来てぇ〜！　松本さ〜ん！」

2階の泊まり非常勤職員・酒井悦子さんの叫び声だ。

火元は2階か！　階段を二段跳びで駆けあがった。見るとリビングの床で酒井さんが誰かと取っ組み合っている。相手は佐藤早苗さんだ。

佐藤さんは27歳、背が高く細面で、職員と会話もできるのだが、ときおり癇《かん》癪《しゃく》を起こして爆発する。小柄な酒井さんが、暴れる大きな佐藤さんに馬乗りに

館内見まわり
戸締り、火の元など1階フロアを見てまわる。テレビや電気をつけっぱなしで寝てしまう人もいるため、部屋から音や明かりが漏れていた場合は声がけをする。反応がなければ小さくノックして部屋に入る。ヒコさんはラジオを大きな音でかけたまま寝入ってしまうことがよくあった。

なっていた。

「火事じゃないの！　この娘《こ》がボタンを押しちゃった*のよ」

「やめなさい！」

私は二人のあいだに割って入り、佐藤さんを起こして椅子に座らせる。佐藤さんは意外におとなしく従った。冷蔵庫から冷たい麦茶を出し、

「お茶を飲んで、ここで酒井さんと静かに待っていなさい。消防車が駆けつけてこないように頼んでくるから」

そう言い残して1階の事務室に走る。

この間もものすごい音量の警報が鳴り続けている。近所の人がみな起きてくるだろうという恐怖に、警報を止めるボタンはないかという焦りで私もパニック状態だ。

事務室に戻って消防パネルの受話器を取り上げると、待っていたように受話器の向こうから声がした。

「火元の確認をしましたか？」

「いえ、じつはこちらの者が間違えて警報器を押してしまいました。消防車が来

ボタンを押しちゃった
研修でこんな話を聞いた。ある施設に自閉症の小学生がいて、彼は火災報知器をむやみに押してしまう。そのたびに騒ぎになって、何度注意しても聞かない。そこでボタンの上にテープを貼ってみたら、ぴたりとやらなくなった。ボタンの上に書かれていた「押す」という文字が見えなくなったからだという。自閉症特有の症状に「視覚優位」というのがあり、耳からの情報より目からの情報のほうが圧倒的に入りやすいということだった。

る必要はありませんので……」

「消防車はもう出ています」

あちゃー、間に合わなかった。

「あのぅ、ベルを止めるにはどうすればいいですか？」

「すぐ消防車が着きますから、そのままにしておいてください」

まもなく消防車が２台もやってきて、真夜中の町内は騒然となった。ベルは鳴り響いている。

隊長らしき人が上がり込んできてベルを止めてくれた。* 消防士たちはよくあることなのか、みな平然とした顔をしていたのが救いだった。

佐藤さんはこれ以前にも何度か２階フロアの警報器を鳴らそうとしているのだという。この夜は実際に押してしまい、酒井さんが強く咎めたところ、「死んでやる！」と言って２階の窓から飛び降りようとしたらしい。酒井さんがそれを止めようとしてもみ合いになったのだという。

佐藤さんは通訳になることを夢見る、ジャニーズ好きの女性である。彼女のノートには中学初級レベルの単語が丁寧な文字で書かれている。私が少しだけ英

ベルを止めてくれた
このとき、警報器の止め方を消防隊員に聞いてみた。消防隊員は消防パネルの中の２つのボタンを操作して止める方法を丁寧に教えてくれた。警報器を止める方法を私は習得したのだ。これで万一、利用者が警報器を押してしまっても対応できると思っていた。幸いなことに、それ以降、この〝特技〟を使う機会は訪れていない。

語ができることを知ると、いろいろと聞いてくるようになった。

「私は桜井君が大好きです、というのは英語でなんていうの？」

短文をノートに書いてあげると、繰り返して練習する生真面目さもある。

だが、要求が通らないと「てめぇ！」と職員をののしり、叱られると攻撃的になり、大暴れする。

彼女も好き好んでそうしているのではないだろう。どうにもならないものがたまって、そんな行動を引き起こしてしまう。ふだん職員とコミュニケーションもとれる佐藤さんの「支援区分」はもっとも重い「6」だ。

佐藤さんは時折、「私なんか死んだほうがいいのよ」と言う。深層心理における根深い自己否定が感じられる。しかし、それがどこから来たのかわからない。

佐藤さんが警報器を押したくなる理由も、きっとどこかにある。警報器を押すという行為は水面から出た氷山の一角にすぎないからだ。

彼女の水面下の氷山がどんなものなのか、今のところ誰にもわからない。

某月某日　モノクロの風景：病院見舞い

精神科病院に送られた後も、ミッキーさんの部屋はそのまま残されていた。小川エリア長が、ミッキーさんが帰ってきたときのことを考え、６カ月間、居住契約の解除は猶予されていた。

それにしても、入院して、彼はどんな治療を施されるのだろうか。改善してホームへ戻ってこられるのだろうか。非常勤職員には、その後のミッキーさんの情報もまったく入ってこなかった。

ミッキーさんの入院から３カ月ほどがすぎたある日、西島さんが声をかけてきた。

「明日の10時にミッキーさんを見舞いに行くんですが、もし予定がなければ一緒に行きませんか？　勤務扱いになりますよ」

私は二つ返事で引き受けた。もともとミッキーさんの状態が心配だったうえに、

さらに日当まで出るのなら断る理由がない。

赤い羽根マークが目立つ「ホームももとせ」の軽自動車を私が運転して精神科病院*に向かった。

西島さんが「ここの院長は投薬に長けた精神科医として知られているそうです」と言った。西島さんはその院長に直接あいさつに行き、戻ってきてから二人で3階に上がった。

エレベーターの扉が開くと、廊下に自動販売機がぽつんと一つあり、その向かいに置かれているベンチに患者らしい人がひとりで座っていた。壁には飾りも貼り紙もなく、すべてが灰色でモノクロの風景を見ているようだ。

まずスタッフルーム*に向かうと、担当の看護人が待っていた。スタッフルームも廊下も、目につくスタッフは白い上下の仕事着の男性ばかりだった。

廊下の突き当たりの部屋に入ると、大広間のような空間に30〜40床のベッドが整然と並べられていた。そのほとんどに患者が寝たり、座ったりしている。何人かの茫洋とした視線がわれわれに向けられ、得《え》もいえぬ圧迫感を覚える。

精神科病院
ホームからクルマで20分ほどの場所にある病院は、5階建ての化粧っ気のないビルだった。敷地が狭く、隣接する駐車場が満車で、近くのパーキングに停め、病院に向かったが、一般病院のように広い玄関口がなく、私たちはどこから入ればいいのか迷った。中に入ると、建物の大きさに比して受付前のスペースが狭く、待っている患者も少ない。外来患者より入院病棟を主体とする精神科病院ならではの構造なのだと思った。

スタッフルーム
入り口は一間（約180センチ）ほどと狭いが、

いちばん窓際のベッドにミッキーさんが目を開いて横になっていた。ホームにいたときよりもかなりスリムになっていた。

「ミッキーさん、来たよ」

西島さんが明るく声をかけるとちょっとだけ表情が動いた。

「お土産だよ」

紙袋を開けてお菓子の箱を見せると、起き上がってベッドに座り直した。

「看護人さんに渡しておくから、あとで食べてね」

その後、西島さんと私が交互に話しかけても、ぼーっとした表情で反応はほとんどなかった。10分ほど滞在し、「それじゃあ、また来るね」と言って去ろうとしたところで、ミッキーさんが初めて口を開いた。

「いつ帰れるの？」

私は胸を突かれて言葉が出なかった。

「院長先生の言うことをよく聞いて、院長が退院ですと言ったら帰れます」

西島さんが笑顔を絶やさぬまま言った。ミッキーさんは何も答えなかった。

奥行きのある部屋だった。だがふつうの病院のように酸素吸入器や採血台など医療上必要なものは何もなく、椅子とテーブルだけの殺風景な空間だった。看護人は西島さんに「差し入れは患者に直接渡さずに見せるだけにしてください。あとでこちらにお渡しいただき、この部屋でお預かりします」と言った。

某月某日　男親は逃げる：知的障害と学習障害

クボさんの本名は久保田好政《よしまさ》で、私が勤めだしたころ、32歳だった。髪の毛がカールしていて色白、丸い目、ピノキオのような風貌で「よっちゃん」と呼んだほうがしっくりくる。だが、研修で〝○○ちゃん〟とか〝△△君〟などという呼び方をしてはいけないと教えられているので、職員たちは彼を「クボさん」と呼んだ。

クボさんの障害は脳性マヒと呼ばれる。クボさんは乳児のころ、脳腫瘍のために大きな手術を何度か受けて命を取り留めた。そのとき、頭骨やあごの骨の一部を切除され歯を失い、身体に大きな後遺症を残した。歩くことができないので、車椅子に乗っている。それに加えて知的障害もある。

両腕は健常なので日常生活は排泄や入浴*も問題はなく、性格は穏やかであまり手がかからない。風呂場で車椅子から一人で立ち上がり、脚をプルプル震わせな

入浴
入浴は、クボさん→ヒコさん→ヒガシさん…のように順番が決められていた。ところが、ヒコさんは自分の集中した用件があるとなかなか風呂に入らない。職員が何度注意しても聞かず、仕方なく

がら、伝い棒を頼りに移動する。手伝おうとすると、
「だいじょうぶ、だいじょうぶ。ころばらいから」
と笑う。歯がないから発音が丸っこくて「転ばないから」が「ころばらいから」と聞こえるのである。背中だけは自分で拭けないから職員を呼ぶ。

知的障害の程度は「軽度」「中度」「重度」「最重度」の４段階*に分かれている。クボさんはたぶん「軽度」だろう。日常生活のやりとりは問題ないし、多少の冗談が通じるからだ。「軽度」はＩＱ51〜70で、９歳から12歳に相当する。ところで〝学習障害〟という言葉をご存じだろうか。読み書き、計算（推論）のどれかに障害があることだ。この〝学習障害〟と〝知的障害〟がごちゃ混ぜになって混乱する人がいるので、両者の違いを整理しておこう。

▼知的障害

知的分野全般の障害。知的分野全般とは、人が生きて社会生活に適応していくのに必要なすべての知的能力。読み書き計算のほかに、コミュニケーション力、共感力、想像力、洞察力、論理力などを指す。これらが標準より全体に低いので、

先にヒガシさんに入ってもらうと、あとでそのことを知って怒り出すこともあった。

４段階
「軽度」はＩＱ51〜70、「中度」はＩＱ36〜50、「重度」はＩＱ21〜35、「最重度」はＩＱ20以下、とされている。知的障害の障害認定基準は都道府県によって多少の違いがあるものの、現在はだいたいＩＱ70未満。またＩＱ70未満という知的障害の定義は１９７０年代以降のもので、その前はＩＱ85未満とされていた時期もある。そのため、ＩＱ70〜85は「境界知能」と位置づけられ、一般に「グレーゾーン」などと呼ばれることも。この「境界知能」は統計上14％存在し、35人クラスなら５人。これは日本全体の人口では１７００万人になる。

手助けがないと社会生活ができない。その程度をＩＱで表すことができる。

▼学習障害

学習分野についての障害。学習分野とは、読む、書く、計算の３つの能力を指す。このうちのどれかに障害がある。

知的障害と学習障害は、まったく別の障害だ。映画「トップ・ガン」主演のトム・クルーズは、自分が学習障害者であることを公表している。彼は読み、書き、計算のうち「読み」ができない。これを専門用語で〝読字障害（ディスレクシア）〟と呼んでいるが、正確にいうと字が読めないのではなく、脳が文字や文章と音の処理を同時にすることができないのである。

私たちは「明日は雨だろう」と読むとき、「あす／は／あめ／だろう」というバラバラの単語を名詞や助詞として認識し、さらに音を結び付ける処理を同時に行ない、「明日は雨だろう」と読んでいる。

ディスレクシアの人は、文字の認識と音を同時処理をする脳の部位に異常があり、スムーズに読めない。トム・クルーズはシナリオを録音してセリフを覚えるのだと言っている。彼は学習障害を持っているが、知的障害者ではない。コミュニケーション力や社会適応能力に優れ、バリバリ仕事をしている。

一方、知的障害者は、社会適応力全般が低いので、生きていくのに手助けが必要になるのだ。

クボさんは知的障害に加えて身体に大きなハンデを背負いながら、人生を楽しんでいる。

東京パラリンピックで一躍有名になった競技が「ボッチャ*」である。

クボさんはボッチャが好きで自分で道具一式を持っている。時折、「ボッチャやおうか（やろうか）」と遠慮がちに誘ってくるけれど、ホームにスペースがなく、なかなか実現しなかった。

ある日、「ボッチャやあてきた（やってきた）」とニコニコしている。

「え、どこで？」

「にっちゅうかつろう……むにゃむにゃ」

後半はよく聞き取れない。ヒコさんをはじめ利用者の中には発話がはっきりと

ボッチャ
重度障害者のために考案されたスポーツで、パラリンピックの正式種目。赤、青それぞれ6球のボールを投げたり、転がしたり、ほかのボールに当てたりして、「ジャックボール」と呼ばれる目標ボール（白）にいかに近づけるかを競う。

しない人がいる。それでも数週間も一緒にいれば、何を言っているのかはだんだんと理解できるようになるものだ。それでもクボさんの発話だけは聞き取りがなかなか難しい。きっと日中活動センター*に行ってきたのだろう。

「誰と行ったの？」

「おかあはん」

お母さんが福祉タクシーを呼んで、車椅子ごと一緒に乗って行ってきたらしい。クボさんの母親は鷲鼻をした魔女風の女性で、クボさんが隠していたエロ本を見つけたりすると、野太い声で「このバカッちょが！」と舌打ちする。毎週、元気に自転車でその〝バカッちょ〟の息子に会いに来る。

二人の明るいやりとりを見ていると想像しにくいけれど、夫婦仲はまったく冷え切っていて家庭内別居状態なのだと聞いた。クボさんには兄がいるが、その兄も耐えかねて家を出てしまい、音信不通となっているという。クボさんが幼児のころから、お母さんは苦難の道を歩んできたのだ。

障害者の家庭は、父親が逃げているところが多い。いっさい妻に丸投げして知らん顔をしている。男は世間体を気にするからだろうか。それだけではないよう

日中活動センター
正式名称は「地域活動支援センター」。国が「障害者総合支援法」に基づき行なう「地域生活支援事業」の一つに位置付けられている支援機関。多くの場合、経営母体は社会福祉法人で、入浴・リハビリなどの生活支援のほかに地域交流や創作活動の場の提供を行なっている。

な気がする。男親は自分の価値観で子どもを躾《しつ》けようとする傾向がある。それが通じないとなると、どうしていいかわからなくなり、投げ出してしまうのではないだろうか。わがホームの利用者にも、そう思えるような家庭がいくつもある。どの家庭も、それぞれの苦労を抱えている。

某月某日　心の〝妻さん〟：「彼女がパニくるといけないから」

ある行楽日、ホームから団体で昼食*とゲームセンターへ出かけた。それぞれ小遣いの範囲内で、好きなゲームをやっていいことになっている。私はクボさんの担当で車椅子を押していた。

ゲームセンターにはサイズを7割くらいに縮小したボウリング場が3レーンほどあった。クボさんはそれを見ると、目を輝かせ「やる」と言い出した。

「えー、これやるの？」

立てないのにどうやってやるんだろう。ボタンを押すようなゲームにすればい

昼食
こういう場合、利用者の昼食代は利用者持ちである。職員も自分で払う。ふだん、利用者は食事代と家賃、光熱費を毎月ホームに払っている。だからこういうときはホームに払う昼食代から1回分を差し引く。その代わり、その日の昼の外食代を自分で払う。といっても金銭管理ができない

いのにと思いながら、付き添っていると、車椅子から降りてほふく前進のように這って、スタート位置まで行き、渡されたボールを両手で受け取り、アザラシみたいな姿勢でポンと投げた。

最初はことごとくガーターに吸い込まれていったが、何投目だったか、ようやくピンが倒れた。クボさんはこちらを向き、笑顔で親指を立てた。彼はそのまま額に汗をにじませながらワンゲームをやり通した。

クボさんはサッカー観戦も好きだ。部屋にはJリーグチームのグッズがいろいろあり、あるチームのサポーターとして会員登録までしている。観戦歴も長いので、クボさんが車椅子で観戦に行くと、チームスタッフから声をかけられるくらいの名士だそうだ。

クボさんの情熱対象はスポーツに限らない。毎日通っている作業所にやってくる障害者の中に若い女性もいる。その人のことを彼は「妻」と呼ぶ。

クボさんの車椅子*を押しながら聞いてみた。

「〝妻さん〟と話したことがあるの?」

「おあようっていったら、かえひてくれたよ。あははは」

利用者が多いから、ホームが立て替え払いをして、あとでそれぞれの貯金の中から精算することになる。

クボさんの車椅子
私はクボさんの介助で、車椅子の押し方を学んだ。車椅子押しでもっとも大切なコツは、面倒で

どうやらあいさつを交わすだけらしい。

「妻がおあようって言うから、僕もおあようって言ったんだ。そしたら妻がニコッて笑ってくえたんだ」

クボさんは楽しそうに話してくれた。

そんなことがあって数日後、作業所の職員から連絡帳を通じてホームに注意が来た。

クボさんの職場には自分用のカップを置く棚があり、クボさんはその若い女性の花柄マグカップの隣に必ず自分のカップを置くのだそうだ。それに気づいた職員が「相手が気持ち悪いと思うかもしれないからやめましょう」と連絡帳を介して注意してきたのだという。

松岡さんと酒井さんはそれを知り、「妻だなんて、気持ち悪いわねえ」と言い合っていた。だが、私はクボさんの「妻」を思う気持ちを想像して少し胸が痛んだ。

クボさんが彼女の詩を書いて見せてくれたことがある。

〈ぼくが好きなひと　あこがれる　チューリップのようなひとだ

もいちいちブレーキをかけるのを忘れないことだ。いったん車椅子を離れた利用者が再び車椅子に座ろうとすると、たいてい車椅子の手すりに手をついて体重をかける。そのときブレーキがかかっていないと、車椅子がスーッと動いて利用者が転倒してしまう。

こころがうれしくなる　すてきでいいひとだ〉

「花にたとえたのは上手だね。これ、〝妻さん〟にあげるの？」

「あげない」

「どうして？」

「彼女がパニくるといけないから」

小さな感動が私の胸を突き抜けた。

クボさんは自分勝手なストーカーではない。相手のことを思いやっている。しかも注意されてから、「妻」をちゃんと「彼女」と言い替えている。見果てぬ恋だとわかっていて、ささやかに夢を楽しんでいるのだ。

クボさんは与えられた運命とその現実にあらがうことなく、今、生きることを全力で楽しんでいる。*

全力で楽しんでいる
クボさんはふつうの車椅子のほかに公費補助を使って電動車椅子も利用している。それを使いこなして一人で出かけていく。冒険心に富んでいるのだ。しかしある夜、近所のコンビニへ出かけた途中、交通事故に遭った。身体は無事だったが電動車椅子が壊れた。お母さんから叱られ、当分の間、電動車椅子の使用禁止を言い渡された。

某月某日　**根性焼き**：授産施設のありがたさ

なぜ障害者ホームにいるのだろう、と思うような利用者が何人かいた。どこが障害なのだろうと思って観察しても、それらしいところが見あたらない。

たとえば、まだ19歳の高野洋三君という小柄な若者がいた。野性味があるジャニーズ系の顔立ちで、ふつうの学校などでもモテそうだ。地元の児童養護施設を18歳で卒業して半年ほど経って、「ホームももとせ」に入居した。ホームでは「タカさん」と呼ばれていた。

あとになって知ったが、父親はトラック運転手で、母親は彼が小学生のころに亡くなっている。彼は末っ子で姉と兄がいるものの、上の２人も障害者なので、父親は次男の世話ができなかったようだ。

養護学校を卒業して少年期から青年期にかかる大切な時期に、生活の自立をする場もないということから、相談員や支援員が動き、ようやくグループホームに入居することができた。

その費用は障害者年金と不足分は生活保護でまかなっているらしい。彼が働いて稼ぎ出したら生活保護は減額か中止になるのだろう。親はいても世帯を切り離して、生活保護を受けている利用者*はほかにもかなりいた。親が払う場合にして

生活保護を受けている利用者
「ホームももとせ」には、生活保護と障害年金を同時に受給している利用者が何人もいる。この場合、障害年金分は生活保護費から差し引かれるので総額は同じである。それならなぜ両方受けるのかといえば、就労支援を受けてレベルアップし、一定収入を得られるようになれば、生活保護を受けず障害年金だけで生活できるようになる。そこを目標にするのだ。

も所得に準じた公費補助があるから、それほどの金額にはならない。

タカさんは人見知りで、最初はなかなか打ち解けなかった。出会って2カ月ほど経って、話ができるようになってからこんな会話をした。

「小学2年くらいから学校に行かないで遊んでたよ」

「一人でかい？」

「うん、姉ちゃんや兄貴もあまり学校へ行ってなかったから……」

「そのうち児童養護施設に預けられたんだね」

「うん、大部屋に年の違う子が何人もいたから、一人の部屋が欲しかったんだ」

「大部屋に何人もいたんじゃ、たいへんだったろう」

私がそう言うと、顔が曇った。

「いじめとか、そういうのもあったのかい？」

「……うん、根性焼き*、見せようか？」

そう言って腕まくりをする。二の腕には十数カ所、タバコの円の大きさに皮膚が白くなった跡が残っていた。

「同じ部屋の年上のやつらに中学のときにやられた*」

根性焼き
火のついたタバコを体に押し当てることで、もともとは不良少年たちが我慢強さをアピールするために行なわれた。周りが盛り上がった円形の傷跡が残る。

笑いながら言う。養護施設の中でも、職員の目を盗んで、こうしたことが行なわれているのだ。

「ここじゃ、一人の部屋がもらえて良かったね。今の部屋、広いだろう。独り占めしているのは贅沢かもよ」

「うん、そうだね」

嬉しそうに笑う。

コミュニケーションはふつうにとれ、話していると、どこにでもいるふつうの19歳の若者である。

ただ、あいさつはできないし、部屋は足の踏み場もないほど散らかり放題だ。けれど、これは障害というより、幼いころから、そういう生活習慣のない環境にあったからではないかと思えた。

文章を書くと小学6年生くらいの文章力だが、これも小学校低学年のときから授業放棄をしていたのだから当然だろう。

たとえば、彼はスマホでキャッシュレス決裁ができた。いわゆるガラケーしか持っておらず、スマホなどチンプンカンプンの私から見れば、こうした社会的能

同じ部屋の年上のやつら
タカさんの児童養護施設での思い出はこうした凄惨なものばかりではない。その証拠にタカさんはオートバイで事故死したという養護施設時代の先輩の墓へ、毎年詣でているのだった。

力では私より上ではないかとも思った。

19歳になったばかりのタカさんには、一般企業の障害者就労枠に就職するという大きな目標がある。「ホームももとせ」で働き始めるまで、恥ずかしながら私は障害者の多くが就労していることを知らなかった。

企業はその規模に応じて障害者を雇用しなければならない、と「障害者雇用促進法*」によって定められている。

ただ、一般企業で対応するのは難しい障害者も少なくない。そういう人たちは、自治体、社会福祉法人、赤十字社などが運営する「障害者授産施設*」といわれる事業体が対応している。

通ってくる障害者の程度に合わせて、さまざまな仕事があって工賃が支払われる。ただし、労働に対する給与という通常の雇用ではなく、障害者の労働によって収益が上がったら、それを分配するという性格のもので金額も低い。

したがって授産施設の売上げには税制上の優遇措置があり、そこに勤務する職業指導員*の給与は別途公費でまかなわれる。だから指導員は作業指導だけでなく、生産性を度外視して、あいさつ、礼儀、言葉づかい、身だしなみなどの生活指導

障害者雇用促進法
従業員43.5名以上の企業は、全従業員の2.3%の割合で障害者を雇用する義務があり、達成すれば助成金もつく。達成できないと1人当たり月5万円を納付するペナルティが科される。障害者を雇用する義務は続き、実施できなければハローワークからの勧告と指導があり、それでも満たせない場合は企業名を公示されることになる。

障害者授産施設
おもに政府機関や社会福祉法人などの団体によって運営される心身障害者施設のひとつ。2006年の「障害者自立支援法」の施行により、障害種別の授産施設の多くは就労移行支援事業所と就労継続支援事業所（A型、B型）などへ移行したが、われわれは「授産施設」と呼んでいた。

まで行なうことができるのである。

これはある意味、ホームの職員にとってありがたかった。なぜならホームは家庭と同じように利用者にとって憩《いこ》いの場所である。リラックスできて当たり前のところなので、礼儀や規律を教え込むには不向きである。それに対して「障害者授産施設」は働く場所なので規律があり、メリハリがある。

ヒコさんが通っている「星空園」という作業所もそのひとつである。利用者がホームで前夜、どんなに扱いづらく乱れていても、翌朝、星空園のマイクロバスで指導員が迎えに来ると、シャキッとなるのであった。

職業指導員
障害者の職業訓練の指導や、自立した就業をサポートする。おもに障害者の就労支援を目的とした事業所に勤務する。必須の資格や免許、実務経験などはなく、事業所の選考に通過すれば働くことができる。ただし事業所によっては「介護職員初任者研修」などの資格保有者や、一定の実務経験者を応募要件としているところも。

某月某日　彼が仕事を辞めたワケ：無理解と挫折

障害者たちが働く場を大きく分けると、

①一般企業の障害者雇用枠

②障害者授産施設

の二通りがあり、みなそのどちらかで働いている。

最初は、働ける場所があるのだなあ、と思った程度だったが、徐々に就労支援制度の詳細がわかってくるにつれ、この制度の綿密さと相談員の面倒見の良さに、私は感銘を受けることになる。その概略を説明しよう。

「障害者就労支援」の内容は4種類に分けられている。この4種類を理解すればこの制度の全貌がわかる。

(1) 就労移行支援

一般企業の障害者雇用枠で働くことをめざす。支援があれば一般企業が用意した仕事に就く能力のある、軽度な障害者が対象になる。能力向上には本人の働く意欲も含めてトレーニング期間が必要である。2年間を限度として努力し、それでも一般企業への就労が無理なら、「就労継続支援A型」「B型」に切り替える。

(2) 就労定着支援

一般企業に就労したあとに行なわれる支援。障害者側だけでなく、企業側の未熟さによるトラブルもあるので、支援は就労後も続けるのが原則である。

（3）就労継続支援A型

一般企業での就労は不安で困難であるが、一定レベルの仕事はできる人が対象。たとえば、カフェやレストランのホールスタッフ、ご当地ストラップのパッキング、パソコンによるデータの入力代行など、比較的単純作業が多い。就労先は一般企業ではなく「授産施設」になるが、雇用契約を交わすので最低賃金は守られ、給与は月８万円くらいになる。勤務時間が短く、日数も少ない場合もある。

（4）就労継続支援B型

A型では困難な障害者ができる軽作業*などを行う。雇用契約は結ばず、作業収益の分配が給与ではなく、工賃として支払われる。

タカさんには「就労支援センター*」の田中さんという相談員がついていた。この人の指導で授産所に通って仕事をしながら、能力の向上に努めていたのだ。つまり（1）の就労移行支援の適用だった。

支援を受け始めて1年以上経ったころ、タカさんは大手雑貨チェーンのP市支店に就労することができた。そして週５日、朝出かけて夕方帰ってくるという生

軽作業
名入れ刺繍などの手工芸、パンやクッキーなどの製菓、クリーニング衣類の封入、農作業、ボールペンの組み立て、新聞折り込みなど、さまざまなものがある。

就労支援センター
正式名称は「障害者就業・生活支援センター」。障害者の就労機会の拡大を図るため、自治体が設置する支援施設で、職業能力に応じた就労の場の確保だけではなく、職場定着の支援や生活相談までを行なう。また一般就労まで至らない障害者については授産施設などへの結びつきを支援する。登録すれば無料で相談できる。

活が始まった。タカさんなら続けられる*と私は期待していた。

けれども、それは3カ月と続かなかった。

持病の喘息が出て休むことが多くなり、やがて出勤しなくなった。月例の職員会議でその真相が明かされた。

タカさんが勤務した雑貨チェーンは大型店で、家具、食器、インテリア雑貨、ステーショナリー、アクセサリーと豊富な商品がある。店員はバイトも含めて、納品の検品から展示、商品補充、レジ、接客とすべてをやるのが原則である。バイトも入れて約40人の店員の中で、ただ1人の障害者従業員であるタカさんは、接客はせずバックヤード担当にされた。バックヤードは納品日には大きな段ボールが何十個も入ってきて重労働になる。ふだんは売れた商品の補充や棚と商品の清掃がある。きついけれども、彼の場合、残業はなくて夕方5時に退社できるので、身体への負担は大きくはなかったそうだ。

ある土曜日、午後になると店は混雑し、店員はみな忙しく動きまわっていた。

タカさんはフロアの責任者から、

「これ大急ぎでインテリア売り場に届けて!」

タカさんなら続けられる 夕方、仕事から帰ってきたタカさんに「仕事、どうだった?」と水を向けると、「荷物の積み下ろしがかなりキツイ」などと話してくれた。「キツイ」「たいへん」とはよく言っていたが、それは愚痴ではなく、その表情から一般企業で仕事をしていることの誇らしさを感じ取ることができた。西島さんとも「タカさん、いい感じですね」などと話していたのだが…。

と台車に載せた照明器具を渡された。「はい」と返事をして大急ぎでインテリア売り場へ向かっていると、通りすがりの通路で接客をしている女性店員から声がかかった。

「高野君！　ちょうど良かった。このお皿、食器売り場に届けてくれない？　私、お客さまの相手があるから」

「すみません。これをインテリア売り場に至急届けるよう言われてますんで。すぐ戻ってきますから」

そう言ってインテリア売り場に向かった。

インテリア売り場での受け渡しが終わってさきほどの場所に戻ってみると、荷物を載せたままの台車に手をかけた女性店員が不機嫌そうに待っていた。

「あなたねえ、接客できないんでしょ！　そういう人は接客している店員が呼んだらすぐ飛んできて荷物運ぶのを交代しなくちゃダメなのよ！　おかげで、私がこんな台車を引いてお客さまをご案内させられたわ」

憎々しげに言うと、自分で運ぶはずの台車を彼に押し付けた。それ以来、彼に関心を持ってたびたび話しかけてきたという。

「障害者枠って入社試験するの？　面接だけなの？」「障害者枠だとお給料はどのくらいなの？」「あなたの病名はなんていうの？　自閉症なの？」……。

嫌味ではなく、興味を持っただけだったのかもしれない。

そんなこと*があり、数日後、タカさんに持病の喘息の発作が出た。夜中に咳が出て止まらなくなり、息苦しさで眠れなくなる。こうした病状は精神状態と密接に結びついているように思う。

さらにその翌日、タカさんは朝、起きてこなくなった。職員が部屋に行って、起きてくるように促しても、布団から出てこない。この日を境に、仕事を欠勤するようになってしまった。自分の気持ちを言葉にして伝えることが苦手なタカさんにとって、これが拒絶の意思表示なのだった。

障害を持った人たちが一般企業に就職する際には本人たちの意欲や努力が欠かせない。だが、それだけではうまくいかない。受け入れる側がどのように迎え入れるか、その姿勢が問われているといえる。制度や仕組みも大切だが、それ以上に重要なのは、いつだって人の心なのである。

そんなこと　店での出来事については、「就労支援センター」相談員の田中さんから西島さんへと報告があった。西島さんも私もタカさんへの期待が大きかった分、落胆した。

某月某日　人権ってなんだ？：津久井やまゆり園事件

２０１６年7月26日未明、津久井やまゆり園事件*が起こる。私が「ホームももとせ」に就職して2年がすぎていた。当日、ホームに出勤する前、この事件をニュースで知った私は言葉にできないほどの衝撃を受けた。それはほかの職員たちも同じで、ホームにも名伏しがたい雰囲気が漂っていた。

この事件を受け、本部から「ホームももとせ」にもなんらかの声明が来るものと思っていた。なぜなら、これまでの研修で、理事長や理事たちがたびたび人権の大切さを説いていたからだ。

ところが、事件の数日後に本部から届いたのは「不審者の侵入を防ぐため、日中でも玄関にカギをかけること」という事務連絡のみだった。私は唖然とし、深く落胆した。

これまで本部は私たち職員に対して、ノーマライゼーション（障害者が地域社

津久井やまゆり園事件
神奈川県立の知的障害者福祉施設「津久井やまゆり園」で発生した大量殺人事件。元職員が、同施設に侵入し、入所者19人を刺殺、入所者・職員計26人に重軽傷を負わせた。加害者の男は「障害者は役に立たないから殺したほうがいい」と供述した。

会に溶け込んで暮らす）の理念を旗印に地域に開かれたホームをめざせ、と指導してきた。これでは、その理念を反故《ほご》にするようなものではないか。

加害者の男は「生産性のない障害者は死んだほうが社会のためにも本人のためにも幸せ」などと言っている。「それは間違っている」と堂々とした反論を聞きたかった。

私はライター時代、『高校生でもわかる憲法ブック』という本の制作に携わった。若手の憲法学者に監修を依頼して私が原稿を書くことになった。高校生から寄せられた素朴な質問の中にこういうものがあった。

「なぜ、人は生まれながらに、生命、財産、名誉の人権*があるのですか？」

その答えについて、憲法学者に質問し、時に議論しながら、原稿を書いた。

無人島に一人の人間がいるとしよう。この人は食べるのも眠るのもすべて自由である。では彼には権利があるのか？　ない。無人島には他人がおらず、誰かに傷つけられたり、奪われたりする恐れがないからである。権利は相手がいて初めて発生するものだ。この社会には他人が存在する。だから、生まれた瞬間から人間には権利が発生して人権を持つのである。同時に、他者の権利を妨げないとい

人権
人権という「究極の原理」は誰も否定できない事実に基づかなければならない。なぜ人権があるのか、説明するのは難しくない。
・人間は自己を最優先する生き物である。
・人間は集団で暮らす生き物である。
生物学上、否定しようの

う義務を負うのである。本にはそんなことを書いた。

生まれながらにして持つはずの「尊厳」の侵害は障害者の生活の中でしょっちゅう起きている。

菓子の営業の仕事に従事しているヒガシさんは、人とすぐ打ち解ける長所を生かし、営業先の病院ごとお得意さまにするなど実績をあげ、本人もその仕事に誇りとやりがいを持っていた。

ところが、いつも明るいヒガシさんがこのところ暗く、無口になっていた。心配になって聞いてみると、営業班から作業班へ配置替えとなり、色紙折りの作業に従事しているのだという。

原因は、ヒガシさんの上司・青木さんの異動だった。青木さんは長身の女性で、彼の長所を見抜き、営業班に抜擢してくれた人だ。ところが、その青木さんが異動し、後任に来た上司がヒガシさんを営業班から作業班に配置替えしたのだという。

ヒガシさんはおぼつかない口ぶりでそう話しながら、はらはらと涙を落とした。

「それではね、その上司に『私は営業を続けたいです』と言いましょう」

ないこの2つの事実から「人間は考えたいことを考え、したいことをして構わない。ただし他人がそうするのを妨げてはならない」という論理が導かれるはずだ。

私がそう助言すると、ヒガシさんは「そんなこと言っていいの？」と驚いた。

「営業を続けたいと思うなら、何回だって言ってもいいんだよ。販売実績もあります、と付け加えたらいいよ。言えるでしょ？」

真剣な表情でうなずく。

「障害者が生活できるように世話になるのはお情けじゃない。人は誰でも尊厳があり、生きる権利がある。だから世話を受けても感謝して堂々としていればいいんだよ」

やまゆり園事件のことが頭をよぎり、ヒガシさんにではなく、自分に言い聞かせていた気がする。

「個人の尊厳」は日本国憲法の根底に置かれる理念である。尊厳とは、その人の気持ちを大切にするということだ。すぐにでも青木さんに相談*してみよう、私はそう決心していた。

青木さんに相談
青木さんに直接、連絡を入れて話をした。ヒガシさんの配置替えの件を彼女はまったく把握していなかった。青木さんは福祉法人の本部のポジションに昇進しており、ヒガシさんの新しい上司は彼女の部下にあたった。そんなこともあり、青木さんの進言で、ヒガシさんは元の営業職に戻ることができた。このときは話がスムーズに解決したが、職場における利用者の要望が通ることは多くない。

某月某日　救急車：熱血先生、敗れる

真夏の猛暑日、私は泊まり勤務で夕刻、出勤した。この日は、常勤職員の下条美由紀さんが朝から入っていた。

１階事務室のタイムカード*を押すと、すでに出勤していた今夜の遊軍職員の杉原さんと２階から下りてきた下条さんが顔を突き合わせて話している。

「何かありましたか？」と聞くと、

「ヒコさんがね、朝から逃げて行方不明だったの。それで、さっき連絡があって、熱中症で倒れて救急車が呼ばれたんだけど、元気になったので病院じゃなく、そのままホームに届けますって言うんです」

「そろそろ着くころだから、表で待ってましょう」

元中学教諭の杉原さんがそう言って事務室から出ていった。

「松本さんは仕事していてください。出迎えは職員２人で十分でしょう」

タイムカード
出退勤はタイムカードで管理され、残業については超過タイムは30分単位で０・５時間として計算された。ホーム長からは「時間がなければ掃除などは多少手抜きしてでも退社時刻は守ってください」と言われた。この業界ではサービス残業が常態化する施設もあると聞いたことがあったが、「ホームもとせ」にサービス残業は一切なかった。

そう言い残して下条さんも玄関を出た。

しばらくすると、下条さんが一人あわてた様子で帰ってきた。

「ヒコさんが救急車の中で暴れてます。救急隊の人がもてあまして、杉原さんが押さえ込んでいるけど、もうたいへん！　すぐ行ってあげてください！」

玄関で靴を履きながら下条さんに聞いた。

「暴れるってどんなふうに？」

「救急車の壁にハサミとか救急道具がいろいろついていて、それを取ろうとするのよ」

玄関を出てみると、救急隊員が4人も手持ち無沙汰に救急車のまわりに立っているのが見える。

「あんなにガタイのいい人が4人もいて、ヒコさんひとりをもてあますってどういうこと？」

急ぎ足で歩きながら下条さんに聞くと、

「救急隊員は患者に手を出してはいけないことになっているので、パトカーを呼んだそうです」

「え？」

そばに駆け寄り、救急隊員に聞いてみた。

「ご迷惑をかけてすみません。みなさんでクルマから彼を降ろしてもらえませんか？　そうすればあとはこっちで責任持ってやりますから」

「いや、われわれは患者に強制できないんですよ」

「それでパトカーを呼んでいるのですか？」

「はい、そうです」

救急車の中をのぞくと、ストレッチャーに横になったヒコさんの上に杉原さんがのしかかり、首根っこを押さえつけて*身動きさせないようにしていた。ヒコさんは疲れた様子で抵抗していなかったが、奇行をするときの目が据わった表情が残っている。

「杉原さん、ありがとうございます。ヒコさん、疲れただろう。腹も減っただろう。ごはん用意してあげるから、風呂に入っておいしいものを食べよう。杉原さんが手を放しても、もう暴れたり、壁の物を取ったりしないよね」

顔を見ているとかすかに目がうなずいたように見えた。これなら大丈夫だろう。

首根っこを押さえつけて
研修では虐待を5つに分類して教わった。
①身体的虐待（暴力）
②性的虐待
③経済的虐待（金銭）
④心理的虐待（言葉）
⑤放置（ネグレクト）
である。

暴れるヒコさんの首根っこを押さえつける行為が虐待に当たるかどうかの線引きは難しいところも

「杉原さん、わかったって顔しているから手を離してあげて。もう大丈夫だから」

すると杉原さんは大きな声で「信用できない！」と言うと、さらにぐいぐいとヒコさんを押さえつける。何もそんなにしなくてもいいではないかと思ったが、仕方がないので説得を続ける。

「さっきね、救急隊員の人が警察官を呼んだんだよ。だから今パトカーがこっちに向かっているんだ。パトカーが着いたら、ヒコさんは救急車から引きずり出されてお巡りさんたちに担がれて、部屋に投げ入れられるんだよ。そんなことされるより、自分の足で歩いて部屋まで行ったほうがいいんじゃないかな。どうする、自分で歩く？」

すると今度は小さくだが、はっきりうなずいた。

「杉原さん、ヒコさんがうなずきましたよ」

杉原さんもそれを確認したようで、渋々解放する。

ヒコさんは憑き物が落ちたような表情で、何事もなかったかのように自分の部屋まで歩いていった。


ある。ほかにも現場では予想できないことがしばしば起こる。研修で示された判断基準は、
①緊急を要する
②ほかに代替方法がない
③一時的な処置である
の3つであり、私はこれに前述した「絶対に感情でやらない」をくわえて自分流の指針としていた。

警察官も慣れたもの
もちろん警察のほうでも「ホームもとせ」がどういう施設かは把握している。あくまで私の感覚だが、若い警察官のほうが理解があり、利用者にもやさしく接してくれていた。それでも中には障害者への偏見を持った警察官もいた。ある夜、ホームを抜け出た利用者が職務質問で捕まり、パトカーに乗せられて帰ってきた。降りてきた

私の説得が成功したというより、杉原さんにぎゅうという目に遭わされ、朝からの疲れがどっと出て興奮状態が沈静化したに違いない。

その5分後、パトカーが到着。事情を説明してお詫びした。

「無事で何よりです」警察官も慣れたもので＊、すぐに戻っていった。

そんなことがあってから、4カ月ほどして、杉原さんは「ホームももとせ」を辞める＊ことになった。結局、杉原さんがホームに勤めたのは2年間だった。

自分の価値観でホームの利用者と接しようとすれば、思いどおりにならないことばかりだろう。彼が教師だったころ、中学生は厳しく注意すれば従ったかもしれない。だが、ここではそうはいかない。

熱血先生も自分の方法論が通用せず、仕事に楽しさがなくて長続きしなかったのかもしれない。

年配の警察官が怒鳴った。「どういう管理してんだ。なんでドアにカギかけて外に出られないようにしておかないんだ！」

「ホームももとせ」を辞める

時を同じくして、アンパンマンこと小林君もホームを去った。彼はホームになじんで、小川エリア長からも正社員になるように勧められていたのだが、正社員登用のための筆記試験に受かることができなかった。２年続けて筆記試験に受からず落ち込んでいたところに、別の福祉法人から正社員待遇での採用を持ちかけられ、そちらに就職することになったのだった。

第4章 それでも生きていく

某月某日　帰ってくる：期待と不安と

ある日、職員会議で小川宗治エリア長から報告があった。

「ミッキーさんが一時的にホームに帰ってくることになりました」

職員たちから「おお」というどよめきに近い声が漏れた。私は心臓をぎゅっと掴まれたような緊張感を覚えた。

おそらく1階担当の職員たちはみな同じ思いだったのではないか。

ミッキーさんが精神科病院に入った際には落胆したし、お見舞いに行った際にもその様子を見て可哀そうに思った。いつか「ホームにもとせ」に帰れればいいと願ってもいた。

だが、現実問題として、ホームに戻ってきたミッキーさんにどう対応するかというのは大きなテーマである。率直にいえば、途方に暮れる思いだった。

その雰囲気を察したのか、小川エリア長が言った。

「ミッキーさんを迎えるにあたって、朝、起きてから寝るまでの時間表を作ります。たとえば、日曜日の時間表*はこんな感じになります」

Ａ３のコピー用紙に、大きな字で予定表が書かれていた。

７：00　起床
７：15　歯磨き、洗面
７：30　食前に麦茶を２杯飲む
７：40　食事。食後に薬を飲む。麦茶を２杯飲む。
８：00　洗濯

小川エリア長の説明を聞いていて、これは良い方法かもしれないと思った。というのは、予定表の中に「洗濯」があったからである。何にも興味を持たないミッキーさんが関心を持っていたのが洗濯である。

しょっちゅう手を洗うミッキーさんは、飲んでいたお茶のしずくが垂れただけで、シャツやズボンを脱いで洗濯機に放り込む。洗濯機もボタンを適当に押してまわすことができる。

時間表
時間表には、麦茶を飲む機会が多く書き込まれていた。朝食の前に２杯(以下毎回２杯)、朝食事後、10時、昼食後、午後３時、午後５時、夕食後、午後９時、寝る前である。さらに注意書きとして「水道の水は飲みません」と書いてある。これは麦茶を飲む時間を決めることで、入院前のいつでもガブ飲みする状態に戻すまいという切実な願いがこもっているのだと思った。

洗濯には「洗濯機に入れる」「干す」「乾かす」「たたむ」「収納する」というい
くつもの工程がある。洗濯に関心を持つミッキーさんがこの一連の工程をすべて
自分でできるようになれば、ホームでの生活にルーティンができると思えた。

入院前から、ミッキーさんは何もすることがなく、放っておかれるときによく不穏な状態になっていた。

何もすることがなければ、私たちなら、テレビを観たり、本を読んだり、あるいは今後の予定を考えたりと、やることは尽きない。ところが、ミッキーさんにはやるべきことや関心事が一切ない。といって無念無想状態になるかといえば、そんなこともなく、脳はそんなときでも働こうとする。ミッキーさんの幻聴はいつもこんなときに起こるのではないか。そんな仮説を立ててみた。

ならば、その対処法は「つねに何かをしていること、考えていること」になるはずだ。「洗濯」がその役目を果たしてくれるのではないだろうか。

もちろん、自分でもこの仮説と対処法に確信があったわけではない。何かにすがりたい一心だった。

私はこのことを職員会議で小川エリア長に提案した。

「なるほど、それは〝洗濯療法〟ですね。試してみる価値はあるかもしれません」

小川エリア長が少し迷ったような表情をしながら、うなずいた。彼もまた何かにすがりたかったのかもしれない。

某月某日　薄氷を踏む：洗濯療法の実践

いよいよ退院の日になった。

小川エリア長に連れられて、ミッキーさんはホームに戻ってきた。６カ月ぶり*に会うミッキーさんの姿に、職員はみな息を呑んだ。

入院前、80キロあったミッキーさんの体重は50キロになっていた。

入浴を手伝うときに見たミッキーさんの身体は肋骨が浮き出ていた。これまで以上に表情も少なく、動作ものろい。これだけ痩せてしまえば無理もなかろう。

精神科病院では薬でコントロールされていたのだろうか。

６カ月ぶり
私はミッキーさんが入院して３カ月のときに見舞いに行っているが、月１回定期的に訪問していた西島さん以外は常勤職員も病院に行ってはいなかった。

用意しておいた休日と平日の時間表を、西島さんがミッキーさんにしっかりと読み聞かせ、ミッキーさんの部屋とリビングルームの壁に貼り付けた。
こうして「ホームももとせ」にミッキーさんのいる日常が返ってきた。

痩せこけたミッキーさんは、食欲だけは旺盛だった。がつがつとなんでも食べた。精神科病院の食事はよほどまずかったのだろうか、と余計な想像をした。この調子なら、いずれ元どおりの身体に戻れるだろう。だが、体力を回復し、また手に負えなくなったらどうしようという不安もあった。
小川エリア長と西島さんが作成したスケジュール表に沿ってすごすという方法が実行された。そして、私の〝洗濯療法〟は実行に移された。

8：00　洗濯
8：40　洗濯物を干す
15：00　天候により乾かない場合、乾燥機に入れる
16：30　取り込み、たたんで収納

時間表を見せながら、ミッキーさんに作業の段取りを説明する。といっても、ミッキーさんがひとりで洗濯するわけではない。

「本当はミッキーさんがやることなんだよ。だけど、一人でできるようになるまで一緒にやろうね」と言いながら、私が見本を見せる。ミッキーさんはそれを見て、洗濯物の一部を乾燥機*に放り込んだり、取り込みやたたむのを手伝ったりする。自分も作業に参加している気分が伝わってくる。

これを数日続けるうちに、ミッキーさんは一連の洗濯作業を「わが仕事」として理解してくれたようだった。もともと彼は洗濯が好きなのだ。

こうしてミッキーさんが自ら洗濯を行なうようになったタイミングで、私は「5時になったら部屋の片付けをしようね」「7時になったら皿洗いをしようね」という具合に、具体的な時刻と行動を伝えるようにした。

手伝ってくれることもあれば、いつもどおりぼうっと椅子に座ったままでいることもあった。

職員たちはみな薄氷を踏む思いでミッキーさんを世話していた。

乾燥機
1階には洗濯機が2台、乾燥機が1台設置されている。乾燥機については雨の日以外の使用は禁止されていた。利用者はみなこのルールを順守していたが、ミッキーさんだけは勝手に乾燥機を使っていた。晴れの日に乾燥機がまわっているのに気づき、リビングで「乾燥機を使ったのは誰ですか?」と聞く。みんなの視線がミッキーさんに注がれる中、彼が何食わぬ顔で黙っているのが可笑しかった。

某月某日　**見て見ぬふりの「性」**：人に言えないのですが…

「ホームももとせ」の利用者はみな若い。最年長の竹内チエミさんが40代だが、ほかの人はほとんど20代である。

あるとき、職員会議で松岡圭子さんがこんな発言をした。

「ヒガシさんがベッドにうつ伏せになって腰をこすりつけるような動きをしていたんですよ」

さも重大な秘密をのぞき見たかのような言い方で、そんなにいやらしそうに言わなくてもと私はヒガシさんが気の毒になった。

それからしばらくして、ヒガシさんが外から持ち帰ったチラシの中に気になるものがあったと西島さんが言った。見せてもらうと、若い女性が水着でマッサージしている写真が載った風俗店のものだった。「8000円コース」「1万円コース」とあるから、ヘルスマッサージのような店だろう。

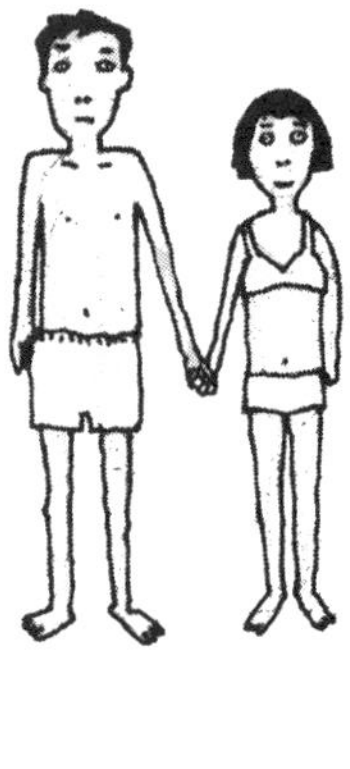

西島さんと私とが尋ねてみたところ、初めは「駅前でもらっただけ」と言っていたが、よくよく聞いていくうちに、

「ちょっとだけ行ってきました」

と風俗店を利用したことを白状した。

ヒガシさんのお父さんは大病をして手術を受け、今は働けずに生活保護を受けている。ヒガシさんは別世帯で障害年金と生活保護で暮らしており、職場は雇用契約のない「就労継続支援Ｂ型」で、彼の月収は３万円程度。貯金にまわしている分を引くと毎月の小遣いは２万円ほどだろう。風俗店を２回利用したら、彼の小遣いは消えてしまう。

西島さんの言い聞かせもあったのか、表面上、風俗店通いはこれで終わった。ただ性欲は消えるわけもなく、その後どうしているのか私は気になっていた＊。

ミッキーさんとヒコさんはもっとも手のかかる利用者だが、性のことで心配させられたことはない。ミッキーさんについていえば、飲む薬の量が半端なく多い。抗精神病薬や鎮静薬は、精力減衰の副作用があることが知られている。彼の性についていて、この影響があることは間違いないだろう。また、ヒコさんは女性職員の

気になっていた　家（や）探しをしたわけではないが、鉄道が大好きな彼の部屋には、新幹線やＳＬの写真ばかりで、性的なものは何一つ見ることがなかった。その点、車椅子のクボさんは性的欲求が隠しようもなくあらわだった。部屋にはエロ雑誌が何冊も置かれていた。車椅子のポケットにまでエロ雑誌を隠しているのをお母さんに見つけられて「このバカッちょが！」と叱られていた。

スカートをめくったりするものの、なぜか大人の「性欲」みたいなものを感じさせることはなかった。

ある日の職員会議で、下条美由紀さんからタカさんとショコさんがつき合っているという報告があった。

ショコさんこと守山祥子《しょうこ》さんは21歳でタカさんと同い年である。彼女は知的障害があるようだが、タカさんと同じで会話していてもどこが障害者なのかわからない。* 小柄でぽっちゃりとして浅黒く、形の良い目と小さい鼻が可愛らしい。

「二人はセックスまでいっています。するときにはゴムをつけなくてはダメと厳しく注意しています」

そんなことまで把握しているのかと驚いた。それでも年頃の男女であり、セックスをするのも当然ではある。二人が結婚したいと言い出したらどうするのだろう。* 私はそんな先走った心配をしていた。

障害者の福祉制度のひとつに「放課後等デイサービス」と呼ばれる福祉サービ

どこが障害者なのかわからない
彼女は普通科の高校に進学したそうだが、勉強についていけず、激しいいじめに遭った。リストカットを繰り返すようになり、渋谷などで遊んでいたという。心の傷は深く、今でもバスなどで制服姿の女子高校生に会うと動悸が激しくなり、途中で降りるのだと言った。

スがある。障害のある小学生から高校生までを放課後、受け入れて、自立支援、生活介助、交流支援などを行なっている。

　ここで働く職員さんと話した際、「なかなか人に言えないのですが……」と教えてくれたことがある。施設内でみんながいる中、堂々と自慰行為を始める子がいて、これは男女問わないのだという。

　こんな場合の対応マニュアルはなく、本部に聞いても「現場での判断にまかせる」と突き放されるそうだ。職員が「家庭でなんとかしてください」と保護者に返すと、親も困り果てるという。

　そういえば、私もこの8年間、数えきれないほど受けた研修で、性に関するテーマが扱われたことは一度もなかった。多様なテーマを取り上げながら、なぜか性の問題だけがすっぽり抜け落ちてしまっている*のは異様な状況である。

　彼ら彼女らは学校を卒業すれば、〝障害児〟から〝障害者〟になる。思春期のうちに、性欲の自己処理のやり方や人前ではしないというエチケットを教えないから問題が先送りにされていく。

　性欲はいやらしいものではない。食欲、睡眠欲、排泄欲と同じ人間の本能の一

結婚したいと言い出したら
数カ月後の職員会議で、下条さんから二人が別れたという報告があった。下条さんは女同士の話でショコさんから聞いたのだという。別れの原因は、セックスがあまりうまくいかずショコさんの熱が冷めてしまったらしい。タカさんのほうは少し未練があったようだが、彼は深追いせず、その後もホームの外の喫煙場でときおり二人がタバコを吸いながら雑談をしているのを目にする。

抜け落ちてしまっている
特別支援学校の教師の免状を取る履修課程でも性問題を学ぶことは一切ないと聞いた。思春期の児童を受け持つ教師の現場で性の問題に遭遇することはわかり切っている。

つで、それを適度に持っていることは健康な証拠である。

性を恥ずかしいと感じる羞恥心は自然なものだろう。だが、それをいやらしいとか触れてはいけないと考える嫌悪感は不自然なものではないか。

障害者の性、それはもっと明るく、オープンに語られるべきテーマのはずである。

某月某日 **教育ママ**：言うべきことは遠慮なく

20歳の中山栞さんが「ホームももとせ」に入居してきた。初対面の彼女は、スマートな体型でGパンがよく似合う女性だった。最初は「中山さん」と呼ばれたが、そのうちみんな親しみを込めて「しおりちゃん」と呼ぶようになった。

しおりちゃんは軽度の知的障害で、声の出し方に抑制が利かないところがあるのか、しばしば語尾が大きな声になる。

軽度知的障害の定義は、ＩＱが50〜69で9〜12歳に相当するとされている。し

親が教師に相談することもあるだろう。履修課程を作る担当者たちにおかれてはぜひとも性の問題を直視していただきたい。

かし、彼女と話していてそこまで低い年齢には感じられない。成人にしてはやや幼いが、中学生程度といったところだ。足し算引き算もできるから、ひとりで買い物もできる。ところが、お菓子が好きで、お小遣いの大半をお菓子に使ってしまうという。

しおりちゃんの家族は両親に３人兄妹の末っ子である。父親は大手企業勤務*で経済的にしっかりしていて、お母さんは定期的にホームにやってきて細かく世話を焼く。

お母さんのしおりちゃんに対する管理は厳しかった。金銭の管理はもとより、髪型、服装、カバンの中身までいつもチェックする。態度や行動にも細かく口を出す。その姿はまさに〝教育ママ〟そのものだ。

クルマでしおりちゃんを送り迎えしてきたときにお母さんとあいさつを交わす。小柄で上品だが、雰囲気がいつも硬く重い。あいさつ以外の言葉を交わしたことはない。２階の下条さんたちも同じことを言っていた。

「私たちともあまり話をしてくれませんよ。そういえば、あいさつだけはするけど、『ありがとう』とか『お世話になってます』みたいな言葉はないわね」

父親は大手企業勤務
お父さんが来るのを私は一度も見たことがない。職員会議で中山栞さんの情報が交わされる場合でも、父親の話はいっさい出てこなかった。父親が逃げている家庭の典型的パターンである。

それでいて言うべきことはかなりはっきりと言う。所用で平日の昼間、お母さんがホームに来た際、私はリビングルームに冷房が効いていることを注意された。

「誰もいない部屋に、ガンガン冷房をつけっ放しというのは無駄遣いじゃありませんか？」

ホームの光熱費は、利用者10人が均等割りして負担する計算になっている。

〝注意〟を通り越して〝抗議〟のような口調*だった。

20歳の成人になったタイミングで、しおりちゃんが髪を栗色に染めたいと言い出したところ、即座にお母さんに却下されてしまったそうだ。

あきらめ切れず、その後、何度もお母さんに頼んだが、そのたびに峻拒《しゅんきょ》された。しおりちゃんは食事時に部屋から出てこなかったり、掃除を雑にやったりすることで、ホーム内でその憤懣《ふんまん》を表すのだった。

ただ、お母さんの細かい管理のおかげか、しおりちゃんは、自分のことは自分やれるし、服装も小ざっぱりしていた。だから、職員たちにとっても、ほかの誰よりも世話に手のかからない利用者なのであった。

〝抗議〟のような口調
お母さん方もじつにさまざま、十人十色である。しおりちゃんのお母さんと対照的なのが、ヒコさんのお母さんで、彼女は気さくに職員にあれこれと話しかけてくれた。ヒガシさんやクボさんなどほかの利用者とも仲がよく、休日にホームにやってくると友だちのように楽しげに彼らと話をしているのであった。

ところで、ホームの仕事は、障害者の衣食住の世話さえすればいいというものではない。ホームには、もっと大切な役割がある。

それが、障害者一人ひとりの人格を尊重し、地域社会で自立して暮らしていけるように支援することである。研修でも「障害者の意思を確認するのはアセスメント（障害者支援計画）の基本です」と教えられる。

ホームとしては、利用者の自立支援をめざすわけだが、しおりちゃんのお母さんは、娘が成人しても子ども扱いを変えることがなさそうだった。娘の自立を促すというよりも、娘の足りないところをすべて自分が補おうとしているように見えた。

とはいえ、これは無理もない。親と子にはこれまで積み重ねてきた長い歳月がある。親は、障害を持つわが子を感情抜きで見ることはできない。それは、経済的に安定し、比較的知的レベルが高い、しおりちゃんのような家庭でも変わりはないだろう。

某月某日 **「働いて稼ぐこと」の意味**：自立とは何か？

しおりちゃんは「就労継続支援A型」の支援を受けて、P市の庁舎内にあるレストランの食堂で働くようになった。

しおりちゃんが働き始めた際、「ホームももとせ」とお母さんとのあいだに問題が起こった。職場までしおりちゃんはバス通勤することになっていて、最初の3日だけ職員が一緒に付き添い、4日目から一人にするという方針だった。

「3日では短すぎませんか」そう言ってお母さんが抗議に来た。

「ほかの利用者さんもそうしていますから、ご心配いりません。しおりさんはしっかりしていますから大丈夫ですよ」

2階フロアの責任者・下条さんが説明したが、なおも食い下がる。

「あの子はスタイルもいいし、顔立ちが良いから男の人から声をかけられるかもしれません。万一何かあったら、ホームが責任取れますか？」

お母さんの心配もわからぬではないが、ホームのローテーションで職員の誰かが朝夕２回、利用者と通勤をともにするのは困難だ。ギリギリの人数でまわしているホーム職員に人的な余裕があるわけではない。

「う〜ん、ホーム職員にこれ以上無理をさせられませんから……それでしたら、送迎付きの授産所を探すしかありませんね」

下条さんが突き放した。

つまり、ヒコさんのように、一人で通勤できない障害者でも働ける施設*に行くことになる。

「……」お母さんは納得できない表情のまま押し黙った。

結局、お母さんが折れて、しおりちゃんは４日目からひとりで通うようになった。

いざ仕事が始まると職場が合っていたのか、しおりちゃんも楽しく通っていた。

１カ月の勤務が終わって初任給をもらう。初任給はお母さんにも報告され、しおりちゃんは初任給の中からお小遣い*をもらった。ところが、嬉しくなったのか、

一人で通勤できない障害者でも働ける施設
就労継続支援A型ではなくB型となる。就労継続支援A型が事業所と雇用契約を結び、定められた給与が支払われるのに対し、就労継続支援B型では、事業所とのあいだに雇用契約は結ばれない。B型のほうがより取り組みやすい業務になるため、A型の平均月収が８万円程度なのに対し、B型の平均月収は２万円弱となっている。

もらったお小遣いすべてをキャラクターグッズとお菓子に使ってしまったのだという。

お母さんはそのことを知ると、激怒し、しおりちゃんを叱責したうえ、財布を取り上げた。これにより、しおりちゃんは大好きなお菓子も自由に買えなくなってしまった。

それ以来、しおりちゃんはすっかり暗くなってしまい、ふだんあまり顔を合わせない1階担当の私でさえ、彼女がどうかなってしまわないかと思うほどの落ち込みぶりであった。

しおりちゃんの「お菓子を買う」という行為は、ただ小遣いを使うということではない。自分の稼いだお金で好きなお菓子を買うことは、働いて稼ぐという充足感が具現化したものだ。それを奪うのは仕事の充実感を奪うことではないか。

職員会議でそう発言したが、みんな黙って聞いているだけだった。

「あのお母さんを、誰がどうやって説得するの？」

保護者と直接やりとりする常勤職員たちはみなそう言いたかったのかもしれない。

お小遣い
利用者の多くは生活保護を受けている。その申請や、お金の管理は担当のケースワーカーと「ホームもとせ」が共同で行なっている。支給されるお金の中から小遣いや貯金が捻出される。たとえばミッキーさんもそのことは認識していて「僕のお金は？」とときおり尋ねる。「金庫に大切にしまってあるよ」と答えていたが、そのうち「見せて」と言うようになり、「銀行に預けています」と答えることにした。

それにしても、そこまで娘を管理したいのなら、お母さんはなぜ彼女をホームに預けるのだろうか。

しおりちゃんの相談員が作成した入居申請書類には「ホームへの入居動機」としてこう書かれていた。

「ご両親は自分たちの年齢を考えて、親が高齢になったとき、娘が支援を受けながらでも自立して生活していけるようにしておきたい」

しかし、「自立」とは衣食住などをこなすだけではない。自分で稼ぎ、自分で使うという〝充足感〟を持つことも、心の成長のために大切なのではないだろうか。

しおりちゃんはこの1年後に、就労継続支援A型から就労移行支援になり、障害者雇用枠で一般企業に就職した。大手企業内にある清掃部門で、オフィスの掃除がおもな仕事だという。彼女と同じような障害者が何人も雇用されていて、月収は20万円だという。

彼女は最近よくこんなことを口にする。

「私の夢は、ひとり暮らしすることなの」

しおりちゃんが本当の意味で「自立」できることをホームの誰もが願っている。

某月某日 **偏見が重すぎる**：キチガイは山の中の施設に

大学卒業から勤めていたサラリーマンを辞め、まだ勢いのあった週刊誌の世界に飛び込んだのは昭和40年代だった。ルポライターとして駆けだしの私はおもに事件と芸能の取材*をやっていた。街には植木等の「無責任一代男」が流れていた。

先輩記者と新宿2丁目の居酒屋で飲んでいたときの話である。彼の取材秘話を聞かせてもらっていた。

「驚いたのはTを取材したときのことだよ」

Tは当時めきめきと頭角を現し始めていた二枚目スターである。

「取材が終わり、雑談になったところで、彼の障害児のことを口にしたんだ」

先輩は「障害児」と言ったところで、人差し指を自分の頭に向けた。

「そのとたんTの顔色が変わってね。『その話はなしにしてくれ。それを書いた

事件と芸能の取材
出版社系の週刊誌を舞台に10年ほどライターを生業にしていた。最初、芸能人のインタビュー取材や事件のルポなどを手掛け、その後、経済、政治から健康、医療までを扱うようになっていった。

らただじゃ済まない。あんたの居場所がなくなるぜ』とすごまれてね」

Ｔの反応を聞いて、何さまのつもりだと反感を持ったことを覚えている。けれど、もし私がそのころ、障害者への偏見の実態を知っていたら、Ｔの態度にそれほど驚かなかったかもしれない。

今では外を歩けば、障害者が付き添いの人と散歩していたり、車椅子で電車に乗っていたりするのを日常的に見かける。けれどもあのころ、街で今ほど障害者を見ることはなかった。

ところで、障害者がどれくらいの割合で存在しているかご存じだろうか。

最新の統計*では人口１０００人当たり、身体障害者34人、知的障害者９人、精神障害者33人、合計すると76人。率にして７・６％の割合だ。日本人１億２６００万人のうち約９５０万人がなんらかの障害を抱えていることになる。教室に40人の生徒がいるとすると、そのうち３人は障害者ということだ。

これほどの割合で障害者が存在しているにもかかわらず、当時、私は街で障害者を見ることがほとんどなかった。

ルポライターとして仕事の幅を広げていった私は、ある著名なカメラマンとゴ

最新の統計
令和３年版「障害者白書」(内閣府発表)には、身体障害、知的障害、精神障害の３つの区分における厚生労働省調査の統計数値が掲載されている。これによると、障害者の概数は身体障害者４３６万４０００人、知的障害者１０９万４０００人、精神障害者４１９万３０００人。

ルフを通じて親しくなった。ゴルフクラブを交換する約束があり、日曜日、私は小学生の息子とのドライブを兼ねてお宅にお邪魔した。お宅には、息子と同じ年ごろの男の子がいた。

「この子は、自閉症なんですよ」カメラマンが言った。

そのとき初めて私は「自閉症」という言葉を知った。父親同士が世間話をしているあいだ、息子は隣の子ども部屋でその少年とすごしていた。40分ほどしてその家を辞し、帰りの車中で息子に「あの子と遊べた？」と聞いた。

「うん、だけどあの子、一言もしゃべらなかったよ」

私はこのことを誰にも話さなかった。絶対に話してはいけないような気がしたのである。私にそう思わせたのは当時の社会の空気*である。

ヒコさんのお母さんから施設内のことで相談に乗ってほしい*と頼まれ、ＪＲ駅のコーヒーショップで話を聞いたことがある。

相談ごとが終わると雑談になった。お母さんは問わず語りにヒコさんの幼少からのことを話してくれた。

社会の空気
タレントの菊池桃子さんには2001年に生まれた、手足に障害を持った娘さんがいる。現在はそのことを公表しているが、彼女は「芸能人はイメージが命」だと、その子が15歳になるまで隠してきたという。菊池さんは大学や大学院で学ぶ過程で、「隠すのは娘に対して失礼」と思えるようになったそうだ。公表を決意するのに彼女は15年間も悩み苦しんだのだ。

相談に乗ってほしい
非常勤職員が利用者の親と施設外でやりとりする場合には、常勤職員を通すことになっていた。相談内容は職員との人間関係のことであったこともあり、ヒコさんのお母さんと会うことは職場には内緒にしていた。

ヒコさんが「自閉症」と診断されたのは4歳のときだったが、夫は断固としてそのことを認めようとはしなかった*。

ヒコさんは小学校に入学すると、動作がのろまだと同級生からいじめに遭うようになった。お母さんはそのことを知り、学校に申し入れ、担任と面談をした。担任はお母さんにこう告げたという。

「忠彦君はいじめられていません。彼が勝手なことばかりするから、みんなが注意しているだけです。彼が、それをいじめと思い込んでいるだけではないですか」

いじめがやむことはなかった。

親戚から「キチガイ*は山の中の施設に入れたほうがいい」と言われて、憤慨《ふんがい》したお母さんはその親戚と縁を切った。

同級生の母親から「おたくのお子さんに合わせると、ふつうの子の授業が進まないって先生が困っているそうよ」と言われたこともある。

「あの子の上に姉が一人いましてね。忠彦が暴れて姉の本を破ったりしても、ずっと弟を可愛がっていましてね。長女がいなかったら、私ひとりではやってこ

認めようとはしなかった
ヒコさんの通院や講習、施設通所などにもいっさい同行せず、すべてを母親まかせにした。お母さんの相談に乗ることもなく、それは二十数年が経った今も変わらないという。

キチガイ
テレビ、ラジオ、新聞、雑誌…あらゆるメディアでこの言葉は忌避されている。だから、ライターとして長年仕事をしてきた私は、本能的にこの言葉を書くことを避けようとする。しかし、ヒコさんのお母さんが「親戚に言われた」と語ってくれたのはまぎれもなくこの言葉だった。言い換えればニュアンスは伝わらないし、表現の自粛・言い換えを行ない続けていても障害者への偏見は解消されないだろう。

られなかったかもしれない……」

日に焼けたお母さんの目じりのしわを伝って涙が一筋流れた。

「あの子もホームになじんでくれたし、あとは私の身体が続くあいだ、一緒に外出して楽しめればいいかなと思っています」

ヒコさんは自分で楽しめることをいろいろ持っている。自分でできることもたくさんある。偏見と差別さえなければ、人の手助けを受けながら、幸せに暮らしていけるはずだ。

今に至るまで、お母さんはなぜここまで苦しまなければならなかったのか。私はお母さんの涙を見て、なんと言葉をかけるべきかわからず、ただ押し黙った。

障害者とその家族は障害に苦しんでいるだけではなく、それ以上に障害への偏見という重荷に苦しめられているのである。

某月某日　成長していく：小学2年生用の漢字ドリル

「ホームももとせ」に勤務して8年がすぎた。ホーム勤務を振り返ってみると、ほとんどの利用者が入居してから、それぞれの特徴に応じて成長しているのがわかる。利用者も職員たちも、みなそれぞれに試行錯誤しながら「ホームももとせ」は前に進んでいるのだ。

中でも、ヒコさんの変化は見違えるようだった。

私が2年目のとき、「ホームももとせ」は、ヒコさんが通う授産施設「星空園」と協力し、小学2年生用の漢字ドリルをやらせることにした。

最初は乗り気ではなかったようだが、毎日夜7時と決めて、職員が横に付き添って書かせているうちに、ヒコさんもだんだんと興味を持って取り組む*ようになっていった。

6カ月がすぎるころには、いつのまにか彼のメモに漢字が交じるようになってきた。

ヒコさんは意思疎通が苦手だ。自分の思いを相手に伝えることができない。そこで、ヒコさんの意思を伝える手段として、メモ書きを使わせてみようと考えた。

「何かしたいことや、言いたいことがあったら、メモに書いてみるんだよ。たく

興味を持って取り組む　リビングでやるばかりか、自室に持ち帰ってまでやるようになった。一冊分をすべてやり切ると、ドリルをひらひらさせながら、「もうない、ない」と言う。つまり次のドリルを買ってきてほしいということなのだ。私はヒコさんのお母さんに連絡を入れて、新しいドリルを購入してきてもらうのだった。

さん書くのはたいへんだから、3つにまとめるんです」

そんなふうに言いながら、自分の考えを箇条書きにしてみるように教えた。ヒコさんも最初は要領を得ずに戸惑っていたが、何度かお手本を示していくと、コツを掴んだ*ようだった。ついでに、最初に相手の名前を入れること、最後に自分の名前を書くこと、書いた日の日付も入れるように伝えた。

たとえば、メモ書きをしたいときなら、こんなふうに紙に書いて手渡してくれるようになった。

松本さま
① 紙をください
② エンピツをください
③ 横にいてください
5月10日　　迫田忠彦

これまで意思を通わせることができなかったヒコさんが他者とやりとりする回

コツを掴んだ
小学2年生用のドリルがここにも生きたと思っている。というのは、ドリルをするのは漢字を習得するのと同時に、短文を読むことでもある。「雨が降る」「汽車が走る」「名前を記す」といった文章をたくさん読むことが、ヒコさんの筆談コミュニケーションを上達させたはずだ。

大きな出来事
ヒコさんでの成功をもとに、私はこれがミッキーさんにも応用できるのではないかと考えた。同じようにミッキーさんにも漢字ドリルや塗り絵を渡してみたが、彼は見向きもしなかった。ある利用者での成功例が誰にでも通用するわけではないのである。

路を持った。これは大きな出来事*だった。

某月某日　家に帰りたい：カンファレンスでの大作戦

ヒコさんには大きな不満がある。それが「家に帰りたい」である。

姉がいる2人姉弟で、父親は息子の障害を受け入れられずほぼ別居状態となっている。

母親は自分の身体が利かなくなったら、誰がこの子の面倒を見るのだろう、と考えてホームを希望したそうだが、そのことに本人は納得していなかった。

入所して最初の正月、実家へ帰った。ホームでは連休や盆休み、職場が休みになると、帰れる利用者は実家に帰る。

三が日を実家ですごしたあと、いざ、ホームへ戻る日になったら、ヒコさんは「帰りたくない」と言い出し、カーテンを裂き、ガラスを割ったりと激しく抵抗したという。困った母親がパトカーを呼び、警官も駆けつけての大騒動になった。

それ以来、お母さんは、たとえ2、3日であっても実家には戻さないと決めた。その代わり、毎週1回ホームを訪問して世話を焼き、一緒に外出していろんなところを連れ歩く。

それでもヒコさんはホームにいるのが納得できず、思いついたように「帰りたい」と言い出す。ふだんは話を逸らしたりして対応できるが、ほかの利用者が連休などで実家に帰ったときが一番厄介だ。彼は、なぜ自分だけが帰れないのか理解できないらしく、聞き取りにくい発音で言う。

「家へ、帰るからな。*（ホームには）いないから」

感情をやわらげようと私が答える。

「あ、そう。寂しくなるねえ。ずっといてほしいってみんな言ってるよ」

「ダメだ」

あるとき、ふと思った。もしかしたらヒコさんの奇行の原因のひとつに「家に帰れない」ことへの不満があるのではないか。「家に帰れない」がストレスとなり、奇行にもつながっているのではないだろうか。

そう思って、「ヒコさんを一時帰宅させてはどうでしょう」と職員会議で提案

帰るからな
エスカレートして「（実家に）帰るから、契約書、持ってこい！」と言ったことがある。「ここに入るのに契約書があって、出るためには解約が必要って知ってるのねえ」と下条さんが感心していた。

してみた。

「母親が決めたルールですからねえ」そう流されてしまった。

それなら、と毎週訪問しにくるお母さんにも言ってみた。

「そうねえ……」こちらもあまり乗り気でない。やはりパトカー騒ぎがトラウマになっているようだ。


ある日、ヒコさんと箇条書きでのメモのやりとりをしていたときに聞いてみた。

「ヒコさん、実家に帰りたいの？」

深くうなずく。

「１日でもいいの？」

また深くうなずく。

「ヒコさんが実家に帰って、またホームに戻るときにイヤだと言わないと約束できる？」

しっかりうなずく。そこには確実にヒコさんの意志が宿っていた。

「じゃあ、紙に書いてカンファレンス*で言ってみようか？」

カンファレンス
利用者一人ひとりに月１回のカンファレンスがあった。ケースワーカー、相談員、授産施設の担当者、ホームの担当者（西島さん）、親などが一堂に会して、問題点や今後の方針を話し合う。非常勤職員はカンファレンスに参加できないため、カンファレンスでの話し合いが気になったとき、私は西島さんに内容を教えてもらっていた。

私はヒコさんにそう提案した。

カンファレンスではいつも会議の終わりに、

「迫田さん、何か言いたいことありますか？　なんでも言ってください」

と声がかけられるのだという。

いつもはヒコさんが小さい声で、「わ、わかんねえよ」と答えるだけらしい。

私は、このチャンスを利用してみようと思いついたのだ。

「よし、ヒコさんが家に帰るための〝大作戦〟決行だ。手伝ってあげるから、一緒にやってみよう！」

私がA4用紙を持ってきて、ヒコさんに手紙を書いてもらう。私がゆっくりと告げる言葉を、ヒコさんがひとつずつ文字にしていく。

彼は懸命に書いた。15分ほどが経ち、A4いっぱいに、ヒコさんの独特の字がつづられた。

カンファレンスのみなさま
①　ぼくも　じっかに帰りたいです

②　ヒガシさん、タカさんは、休みにじっかに帰っています
③　じっかに帰ったら、ホームにもどるときに、いやだと言わないことを
　やくそくします
よろしくお願いします
7月15日　　　　　　　　迫田忠彦

書き終えた用紙をカンファレンスの参加人数分だけコピーした。

「ヒコさん、これで〝大作戦〟の準備はできたよ。あとはカンファレンスで『迫田さん、何か言いたいことありませんか？』と言われたら、この紙をみんなに配ってください。できますか？」

しっかりうなずいた。

「その次に、ヒコさんは立ってこれを読みます。できますか？」

首を傾げる。

「じゃあ、読めるように今、練習しましょう」

そう言って、一文節ずつ私が読んでから復唱してもらう。

たどたどしい口調でどもりながらついてくる。実家に帰りたい一心なのだ。ちゃんと読めなくたっていい。カンファレンスの大人たちは読めば内容を理解してくれる。ヒコさんが立ち上がって読もうとするパフォーマンスを見てもらえばいいのだ。

「じ、実家に帰ったら、ホームに、戻るときに、い、い、いやだと、言わないこと、を、約束します」

ヒコさんが必死にそう言っているのを聞いて、私は胸が詰まって仕方なかった。

某月某日　**別人みたい**…「また来るからな」

それから数週間がすぎ、その月のカンファレンスが終わったあと、西島さんに聞いてみた。

「この間のヒコさんのカンファレンス、どうでした？」

「ああ、コピー用紙を配ってくれと言って、読んでいましたよ。家に帰りたいで

すって」

西島さんは深いいきさつを知らないまま、可笑しそうに含み笑いをしながら答えた。

すごいぞ、ヒコさん！　ここぞというところでやることやったんだ。〝大作戦〟成功だ！　私は内心、小躍りした。

そして、夏休みに3日間だけ、ヒコさんが実家に帰ることになった。ヒコさんの思いがホームの職員たちを動かしたのだ。関係者一同が万全の態勢を整えて、ヒコさんを実家に帰すという実験だった。

結果は、実家で3日をすごし、ホームに戻ってくる日も機嫌がよかったのだということ。ヒコさんのお姉さんが「これまでの忠彦とは別人みたいだ」とびっくりしていたらしい。

これを境に、ヒコさんは「帰りたい」とか「契約書を持ってこい」など、ひと言も言わなくなった。そして、連休、正月などの節目節目には、毎回実家へ帰る*ことができるようになった。

毎回実家へ帰る
それればかりか、一家で温泉旅行に行くまでになった。お姉さんが断絶状態にあったお父さんを誘い、初めて一家4人での旅行に出かけたのだという。温泉から出たヒコさんに お父さんが浴衣を着せて帯を締めた。「こんな日が来るとは思わなかった」と言って、その顛末をお母さんが私に教えてくれた。

職員たちがあれほど悩まされた奇行も急速に減っていった。

「別人みたい」なのはミッキーさんもそうだ。精神科病院を退院してから3年が経った。体重も80キロまで戻り、以前のたくましい体つきになった。

洗濯物を干すことはもちろん、たたむことさえできるようになった。まだ手伝いは必要だが、時には一人でそれをやる。

そして、職員と雑談ができるようになった。意味不明の〝ミッキーさん語〟で一方的にわめき散らすことはない。換気扇の音に向かって論争したり、粗暴行為でまわりの人を脅かすことがなくなった。利用者たちの集まりで、ビンゴやカラオケで楽しむ会があっても、1時間でも2時間でも参加できるようになった。

おそらく今ではミッキーさんの頭には予定がたくさん入っているために、脳が暴走して、幻聴を引き起こすことが少なくなったのだろう。さらに頭の中が安定することでコミュニケーション能力が改善*されたのだと思われる。素人考えではあるが、私はそう納得している。

それでも、寝る前の幻聴は今もあるようだし、時には目を血走らせて「とんぷ

コミュニケーション能力が改善
たまに「ホームもともと」のクルマを私が運転

く！」と言ってくることもある。ときたま起こる大量の失禁も悩みの種だ。

あるとき、大量の失禁問題の対策が話し合われている職員会議で、西島さんが言った。

「しかし、何年か前のことを考えてみれば、こんなことは悩みのうちに入らないですよね」

「たしかにそうかも」数年前のミッキーさんを知っている職員たちは口々にそう言った。

「あのころ、どうやって対応したんだか、今思うと不思議ですねぇ」

西島さんが笑った。

小春日和の日差しがリビングをやわく照らす日曜日、父親がミッキーさんを訪ねてきた。４年ぶりの再会だった。父親の隣には小太りのまだ40代と思われる穏やかな感じの女性がいた。父親の再婚相手だという。私は彼女が夫に「子どもを放っておいてはいけない」と一緒にホームを訪れることを勧めたのではないかと想像した。

して、ミッキーさんと二人でドライブに出かける。2時間ほどのドライブ中もミッキーさんはおとなしく助手席に座り、私が話しかけると返答する。一言、二言の短い言葉だが、きちんと会話が成立しているのだ。

昼前に外食に連れ出して、ホームに帰ってきたのは午後4時をまわっていた。

「また来るからな」

そう言って二人は「ホームももとせ」をあとにした。

ミッキーさんは玄関に立って、走り去るプリウスに向かって大きく両手を振っていた。

あとがき——休職と復職

2022年の正月明け、少し前から痛みを感じていた右脚が、急に引きずって歩かなければならないほど痛くなった。休みの日に、整形外科クリニックを受診し、レントゲンとMRIを撮ったところ、脊柱管狭窄症《せきちゅうかんきょうさくしょう》と診断された。

「ホームももとせ」に、しばらく出勤できないかもしれないという連絡を入れると、新任のホーム長*は「ええ、本当ですか！」と悲鳴をあげた。ホームは常時人手不足であり、申し訳ないとも思ったが、こちらも痛みと不安で何も考えられない状態だった。

その後、保存療法として神経ブロック注射をしてもらって多少楽になったものの、すぐに痛みがぶり返し、トイレに行くのも四つん這いのありさまで仕事どころではない。2月に入ったころにはソファに座ることもできなくなり、手術をするほかなくなった。さらに大学の医学部付属病院での精密検査では、脊柱管狭窄

新任のホーム長
この半年前、ホーム長の西島さんは同じ法人内の別施設に異動していった。新しく赴任してきたのは福祉系大学を卒業したという、まだ26歳の青年だった。

症のほかに背骨にも異変が見つかり、脊椎補強手術が加わる大手術となってしまった。

手術後、病院で30日、同じ大学系列のリハビリ専門病院で45日、合計75日のリハビリ期間を経て、ようやく自宅へ帰ることができた。季節は初夏になっていた。

入院期間中、仲の良かった職員さんたちから、たびたびお見舞いの電話をもらった。

「松本さんは有給休暇をほとんど使っていないのだから、こんなときにどんどん使っちゃいましょう」

「本部に聞いてみたんですけど、長期欠勤でも本人が辞めると言わない限り復職できるみたいよ。欠勤期間の定めがないんですって」

「松本さんがいないと、ヒコさんもミッキーさんもなんだか寂しそうですよ。待ってますから早く帰ってきてください*ね」

仲間からの言葉はリハビリ中の私にとって大きな励みになった。

一人ひとり特徴のある「ホームもともとせ」の利用者たちはみなそれぞれ成長したけれど、まだそれぞれに課題を抱えてもいる。彼らを手助けしながら、一緒に

早く帰ってきて この業界は男性職員をつねに求めている。非常勤職員の募集広告を出しても、女性はすぐに決まるが、男性は応募自体がなかなかないという。精神障害者の支援というと、どんな仕事か見当がつかないので敬遠してしまうのだろう。

歩んでいきたい。いや、そんな高尚な理屈を抜きに、ただ彼らに会って旧交を温めたいというのが本当の気持ちかもしれない。

思えば、殴られ、蹴られ、時には噛みつかれた。それでもこの仕事を辞めたいと思ったことは一度もない。なぜなら、「ホームももとせ」での8年間は、きついことより喜びのほうが多かったからである。

利用者とのやりとりの中で、こちらの意図が伝わり、利用者が理解・納得してくれることがある。このコミュニケーションの成立を、職員のあいだでは〝入った〟と表現していた。われわれの言葉が相手に〝入った〟ときの達成感は無上の喜びだった。

一風変わった利用者たちはみな独特のキャラクターを持っている。そんな彼ら彼女らをわれわれと同じにする必要はないと考えるようになった。日常生活をなるべく人の手助けを少なくすごすことができ、そして人生の中で幸せや喜びを感じてもらえればいい。そのための支援は急がず、あきらめず、地道にやっていくしかないのだ。

2022年も押し迫ってきて、身体の調子もようやく外出先で杖を置き忘れる

大きな励み
ヒガシさんからは職員を介して、「早く治して帰ってきてください」と彼独特の字で書かれたハガキをもらった。また職員と電話で話をしているときに「ミッキーさんに替わりますね」と言って、ミッキーさんが電話口に出たこともある。「久しぶり」と言うと、「ああ」という照れ笑いのようないつもの声が返ってきた。利用者たちのそんな反応も私の励みになった。

くらいにまで回復した。あともう少しで「ホームももとせ」に復帰できる。
私にはまだやり残したことがある。

２０２２年12月

松本 孝夫

松本孝夫◉まつもと・たかお
1944年、山口県生まれ。大学卒業後、会社員、ライターなどを経て、会社を立ち上げるも倒産。70歳を目前に職探しをする中、高齢者ホームだと勘違いして受けた面接を経て、精神（知的）障害者のグループホームに就職。以来、8年にわたって勤務しながら、障害者が置かれた厳しい立場や偏見に苦しむ親の思いを知る。現場で見つめてきた「綺麗事の通用しない世界」を本作に描く。

障害者支援員もやもや日記

二〇二三年　二月　一日　初版発行

著　者　松本孝夫
発行者　中野長武
発行所　株式会社三五館《さんごかん》シンシャ
〒101-0052
東京都千代田区神田小川町2-8　進盛ビル5F
電話　03-6674-8710
http://www.sangokan.com/

発　売　フォレスト出版株式会社
〒162-0824
東京都新宿区揚場町2-18　白宝ビル7F
電話　03-5229-5750
https://www.forestpub.co.jp/

印刷・製本　中央精版印刷株式会社

ISBN978-4-86680-927-4

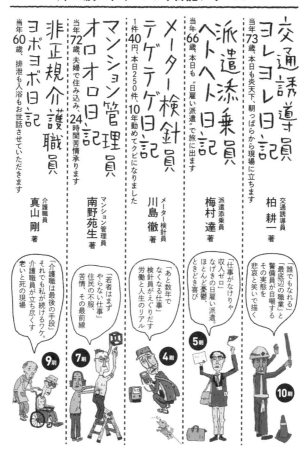

汗と涙のドキュメント日記シリーズ

ケアマネジャー はらはら日記
当年68歳、介護の困り事、おののきながら駆けつけます
ケアマネジャー 岸山真理子 著

「いらだちに直面する仕事」
ケアマネジャーが向き合う怒り、悲しみ、不安の正体

8刷

タクシードライバー ぐるぐる日記
朝7時から都内を周回中、営収5万円まで帰庫できません
タクシードライバー 内田正治 著

「言いがかりにも我慢の仕事」
タクシー乗務員が綴る、憂いと怒りと笑いの路上観察記

5刷

ディズニーキャスト ざわざわ日記
〝夢の国〟にも××××ご指示のとおり掃除します
カストーディアルキャスト 笠原一郎 著

「ハッピーなことばかりの仕事などない」
清掃スタッフが描く、不安と夢の現場報告

6刷

コールセンター もしもし日記
ご意見ご要望、クレーム、恫喝…反論せずにお聞きします
派遣オペレーター 吉川 徹 著

「ひたすら怒られ続ける仕事」
派遣オペレーターが聞き耳立てる、生々しすぎる人間模様

4刷

住宅営業マン ぺこぺこ日記
「今月2件5000万!」死にもの狂いでノルマこなします
大手住宅メーカー営業マン 屋敷康蔵 著

「同僚が次々辞めていく仕事」
住宅営業マンが目撃する、買い手と売り手の熾烈な攻防戦

5刷

5点とも定価1430円(税込)

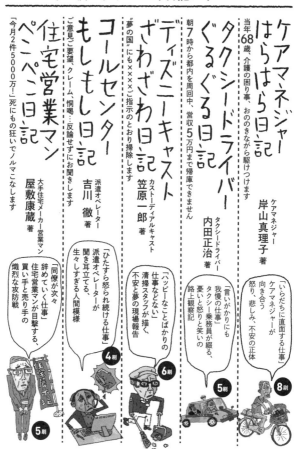